# 多维视野下翻译学理论的演进与探索

窦国宁　著

北　京
冶　金　工　业　出　版　社
2020

## 内 容 提 要

本书从多维视野对翻译学理论的演进与探索进行了深入研究，内容包括翻译学基本概况、翻译理论的发展、翻译与译者、基于美学与跨文化的翻译研究、翻译的常用技巧与新媒体视野下翻译发展新方向。

本书结构严谨、内容新颖、例证丰富，可作为高校翻译专业教学用书，也可供有关研究人员和专业翻译人员参考。

**图书在版编目(CIP)数据**

多维视野下翻译学理论的演进与探索/窦国宁著.
—北京：冶金工业出版社，2020.9
ISBN 978-7-5024-5913-0

Ⅰ.①多… Ⅱ.①窦… Ⅲ.①翻译学—研究
Ⅳ.①H059

中国版本图书馆 CIP 数据核字(2020)第 181498 号

出 版 人　苏长永
地　　址　北京市东城区嵩祝院北巷 39 号　邮编　100009　电话　(010)64027926
网　　址　www.cnmip.com.cn　电子信箱　yjcbs@cnmip.com.cn
责任编辑　俞跃春　王　颖　美术编辑　吕欣童　版式设计　禹　蕊
责任校对　石　静　责任印制　禹　蕊
ISBN 978-7-5024-5913-0
冶金工业出版社出版发行；各地新华书店经销；三河市双峰印刷装订有限公司印刷
2020 年 9 月第 1 版，2020 年 9 月第 1 次印刷
169mm×239mm；11.5 印张；221 千字；173 页
**76.00** 元

**冶金工业出版社　投稿电话　(010)64027932　投稿信箱　tougao@cnmip.com.cn**
**冶金工业出版社营销中心　电话　(010)64044283　传真　(010)64027893**
**冶金工业出版社天猫旗舰店　yjgycbs.tmall.com**
（本书如有印装质量问题，本社营销中心负责退换）

# 前 言

翻译学是一门新兴的学科。直到20世纪90年代末，翻译学才与语言学和文学三足鼎立，成为外国语言文学学科的支柱之一。作为一门新兴学科，翻译学有许多基本问题需要重新审视，同时，随着时代的发展和翻译实践的空间拓展，翻译学又不断地有新的对象需要研究。对这些新老问题的研究需要科学方法论的指导。研究方法的科学、严谨与否决定着新研究成果理论价值的高低。理论价值高意味着对翻译实践的指导意义强、指导范围广和解释能力强。因此，无法与实践相辅相成的翻译理论都不能算是成熟的理论。提高翻译理论的价值，最根本的是研究者必须把概念、范畴、范围、层次、等级、顺序和程度等科学研究不可或缺的概念有机融入这些理论，以便对翻译实践作出全面合理的解释，并提供相应的指导。

我国翻译学近些年来在传统翻译理论的基础上有了巨大的发展，但在研究的视角和方法上还有较大的发展空间。现有的研究有的过于绝对，缺乏立体的大视野，其主要原因是研究方法系统性不够强，导致其使用时在综合性和灵活性等方面多显不足，使翻译学在发展上缺乏足够的创造力。因此，如何完善研究方法和扩大研究视野成为翻译学理论研究的当务之急。

本书以翻译与翻译学、翻译学研究的核心问题、翻译学结构图以及中西方翻译发展历程为切入点，具体探讨了翻译学理论的发展与演进、翻译理论的实践要求与常用技巧、美学视野下的翻译、跨文化视野下的翻译以及新媒体视野下翻译发展新方向。

本书在撰写过程中，一方面结合实例对翻译学理论的演进与实践技巧进行详细分析，并针对翻译学研究的前沿问题总结了方向；另一方面力图使语言平实、深入浅出，避免因理论冗长而导致文章晦涩，以提高读者的阅读兴趣。

本书的编写得到了许多专家学者的帮助和指导并参考了有关文献资料，在此一并表示诚挚的谢意。

由于作者水平所限，书中不妥之处，希望广大读者批评指正。

青海民族大学　窦国宁

2020 年 5 月

# 目　录

# 第一章　绪　论

自历史记载以来就存在翻译。翻译与人类的历史并道而驰，甚至先于历史记载。无论在我国，还是其他国家，悠久的翻译传统俨然成为人类文明进程中一颗别致、耀眼的明珠。因此，对翻译史料的分析与比较不仅可以清晰明了地认识翻译进程，与此同时，对促进翻译发展的认识也有一定的借鉴意义。本章围绕翻译与翻译学、翻译学研究的核心问题、翻译学结构图以及中西方翻译发展历程展开论述。

## 第一节　翻译与翻译学

### 一、翻译

翻译是帮助人们展开语言文化交流的纽带，是将一种语言转换为另一种语言的复杂过程，涉及语言、思维、文化等多方面的差异。由此可以看出，翻译能力的培养并不只在一朝一夕，译者需要不断实践、反复训练。熟悉和掌握翻译理论，可以帮助译者更顺利地处理翻译工作，积极有效地传播各国文化。

翻译简单而言是“换易言语使相解也”。在《辞海》和《现代汉语词典》中，“翻译”被解释为通过别的语言表达出这种语言文字中包含的意义。

最开始，翻译的人大部分选择比喻的手法来总结他们如何理解翻译。一部分人认为翻译可以作为渠道、桥梁，让原作者和读者的思想之间能够相通。之后，学者们选择用语言学来解释“翻译”。尤金·A·奈达（Eugene A. Nida）被称作“当代翻译理论之父”，是有名的美国语言学家，他的看法是翻译的含义是以通顺流畅的翻译语言在意义和风格方面先后再现和原来语言信息最为匹配的相应信息内容。张培基是中国当代有名的翻译家，他觉得“翻译属于语言活动，它为以一种语言（target language，译语）将别种语言（source language，源语）中包含的信息内涵精准且全面地再现的过程”[1]。

在翻译方面的实践活动进入多元化发展且人类更深刻认识翻译的同时，学者们得知翻译既为关于两类语言符号相应关系上的能力与技巧，也是要求添加很多学科才可以实现上乘译作的技艺（technology），包含交际学、心理学、文化、人

---

[1] 张培基．英汉翻译教程（修订本）[M]．上海：上海外语教育出版社，2009.

类语言学等。

翻译解释的变化代表翻译实践活动地改变，还引领其实践。从语言学的角度，翻译的解释在实用视角合理地反映出翻译的内在特点：翻译即为将源语包含的意思以译语来精准、全面地描述，是一种对比性的跨越时间、跨越空间、跨越文化、跨越语言的错综的语言交流活动。

### （一）翻译的一般标准

#### 1. 奈达的“读者反应”标准

奈达是一个对翻译有新见解的人。他认为判断一个翻译好坏的重要标准应该是读者的反应。有些读者会自己阅读原文和译文，给出评价。他们的反应是翻译是否正确的重要依据。读者能否从两个版本的文章中得到一样的思想是评判翻译是否合格的重要标准。他认为翻译出来的文章，至少让读者应该能够理解文中的思想，这是翻译的基本要求。他认为其他因素并不是很重要，重要的是翻译出来的文章能够让读者产生怎样的感觉。

他主张提供不同版本的翻译文章，让读者来判断哪一篇文章更好。因为读者考虑的不是部分的理解，而是对全文的整体把握和判断。总而言之，就是让读者在读翻译文章和原文的时候能够得到一样的体验，这在后来成为翻译的标准中很重要的一项。这项标准的制定也成为翻译历史上的里程碑。但是，在翻译实践中，由于受译者能力及其他条件的限制，这一主张很难做到。

#### 2. “等值论”和“等效论”标准

从20世纪末期开始，在国外的一些翻译的权威代表机构中，整理和提出很多关于翻译的理论标准。其中，“等值论”（equivalentvalue）在我国的影响力较大。它的代表人物有卡特福德等著名学者。这种方法要求翻译的文章和原来的文章在对作者思想的阐述和语言的格式上均能够相对应，认为翻译应该尽可能地还原原文。“等值论”首先要做到原文和译文达到的效果一样；其次是作者采用的文字语言的描述方式一样。

另外一种方法“等效论”则强调翻译出来的文章和原文不一定要高程度地相等，而应该有一些属于自己的变通，最终的目的是能够对读者产生同样的影响效果。这种理论在中国也具有一定影响力。它关注的是翻译出来的文章在读者阅读的时候是否能够让读者感受到一样的想法，而对于内容上是否相等则不看重。

这两种方法在国内外均是主流的翻译方法。对于这两个方法，有一部分学者觉得难以实现，他们认为语言和语言之间会有一部分不能够进行翻译的内容。不管是等值论还是等效论，均是一种理论方法，在翻译的实际过程中基本不可能实现。

### 3. “忠实”与“通顺”标准

目前，国内多数学者认为翻译的基本标准可以概括为“忠实”（faithfulness）和“通顺”（smoothness）。

（1）忠实标准。翻译界所说的忠实是要求翻译出来的文章在内容上应该准确。在涉及一些时代背景和民族的风格以及语言文字的风格时，翻译文章一定要忠于原文，要让读者能够在两种文章中得到相近的信息。

第一，完全忠实。所谓的完全忠实是把原文中所要表达的内容完全表达出来，对于原文中对事件的叙述和描写以及世界的说明和思想的表达等应该完全根据原文翻译出来。同时对于原文章的风格和作者的习惯等，要完完整整地保存下来，不能有任何的增加或删减，甚至书面语和口语也不可以相互转换，要尽可能地保持原本的样子。

第二，对等忠实。“对等忠实”主要是从应用或者功能上来说的，主要体现在功能上的忠实以及文体上的忠实，即相对性的忠于原文，是能够把原文所表达的一些功能性质的东西完美地复制下来，而对于原文的内容，翻译的人可以根据自身语言习惯进行一些改动，只要能够保持作者的思想风格一致就可以。翻译的人可以从语言上进行调整，充分发挥语言的功能。这种忠于原文的方式是忠于原文的精神，而不是原文的表现形式。翻译的人应该通过语言功能的相同性，将有相同功能的自己的语言替换掉原来的语言，通过这种方式对原文进行一定的阐述。

（2）通顺标准。主要指翻译所使用的语句应通顺明了、容易理解，符合语言使用规范及表达习惯，避免出现逐字生硬翻译、语法不通、语句结构和逻辑混乱等情况。另外，如果原作者出于艺术效果而故意使用不规范语句，或者在作品中有意突出时代和地域特色，出于忠于创作的考量，这种情况下不建议修改原文的通顺度。

## （二）翻译的基本原则

### 1. 泰特勒的翻译原则

翻译家泰特勒（英国人，A. F. Tytler）制定如下三点翻译的基本规则作为西方翻译工作的标准：

（1）译文应该完全传达原文的思想。

（2）译文的风格和笔调应与原文一致。

（3）译文应像原文一样流畅。

这些翻译规则主要是要求翻译之后的文字和之前的文字相对比，能够顺畅地进行阅读的同时，也能够准确地表达出作者的思想感情和写作风格。中国的翻译家严复也提出类似的观点。

2. 严复的“信、达、雅”原则

中国翻译工作的主要标准是围绕严复提出的要求制定，概括为信、达、雅：信，是能够传递作者所想要传递给读者的每一条信息；达，是要求翻译之后的文章能够顺利阅读，没有阅读上的困难；雅，是要求对于一些有内涵的文章不能直接将文字翻译下来，而应该考虑语句中的艺术部分和艺术性质，用自己的文字进行演绎和表达。

严复的这些观点在古代已经得到一些翻译者的认可。随着时间的发展，这三条标准成为中文翻译中评价一个翻译好坏的重要指标。人们通常根据这三者来判断一个翻译是否合格，是否达到传递文学美感的重要功能。

3. 多雷的翻译原则

多雷是16世纪的一个重要学者。他活跃于法国文艺复兴时期，是著名的翻译家，对于翻译他提出来一些原则，主要对以下五个方面进行限制：

（1）充分明白原作者的意思。

（2）精通所译作品的语言，同时对译语也能熟练应用。

（3）切忌做逐字翻译的工具。

（4）避免生词僻语，尽量使用日常语言。

（5）注重译语修辞，让译文的词语安排不仅读起来朗朗上口，听上去也能让人感到愉悦甜美。

在后来的翻译过程中，采用他所提出的翻译标准判断出来的比较好的文章，对于整体的理解和翻译语言的掌握，以及对于作者风格的演绎和翻译过来的方法这几项内容能达到一个比较好的层次，因此他所提出的翻译标准在西方的翻译历史中起到很大的作用。

（三）翻译的类型划分

根据不同的标准，翻译可以分为以下类型：

（1）根据相关的语言意义和形式，翻译可以分为交际翻译与语义翻译两类。交际翻译的目标是译文读者的反映和原作者对于原文读者的反映尽可能地相同；语义翻译的意思是以目的语的句法结构和语义允许为前提，竭力精准地重现原作整篇文章的意思。

（2）根据翻译主要部分的特性，翻译可以分为机器翻译（machine translation）与人工翻译（Manual translation）。机器翻译为现在的对比语言学与智能科学相互融合的生成物，未来很有可能在一部分领域替代人工翻译；人工翻译能分成笔译（英文为“translation”或者“written translation”）与口译（英文为“interpretation”或者“oral translation”）。

（3）根据翻译的标准和手段，翻译可以分为科学翻译、功能翻译、功利性翻译、专业翻译和语用翻译。其中，语用翻译有时又称“实用翻译”，如法律翻译、经贸翻译、旅游翻译、新闻翻译、广告翻译、科技翻译、政论翻译、网站翻译、企业翻译等。

(4) 依照翻译于实践过程中的应用，翻译可以分成各样详细的类别，也就是附类。翻译附类是狭义形式的翻译与其他方式相融合生成的种类：第一，编译。编译包括重新编撰接着翻译原文语言的过程，以实现带来和原文不一样的特定展现成果的目的，例如把成人读物变成儿童读物等。第二，摘译。摘译指在翻译中融入摘录，其意思为先摘录后进行翻译，选取的材料为不完整的语言，如书上的某一节或者文内的某一段。第三，译述。译述指在翻译中融入创作。比如译述文学作品的时候，可增加或减去一部分内容，还能改变体裁。第四，移植。这种翻译方法相对于译述更自由，不仅可以增加或减去内容、改变体裁，而且可以把国外的场景、人物等引入我国。第五，缩译、节译。它指在翻译中融入缩写，和编译类似，不过大多情况下原材料为一种。

(5) 依照翻译人于翻译过程中用到的文化态度，翻译可以分为异化翻译与归化翻译。异化翻译指直接基于对源语文化环境的适应来翻译；归化翻译是将处于源语文化环境内简单适应的文本译为处于译语文化环境内简单适应的文本，让译语读者可以马上理解。由此可知，异化翻译即为平时提到的直译，归化翻译即为平时提及的意译。

(6) 依据翻译中次要部分的特性者或翻译的材料，翻译可以分为实用翻译 (practical translation) 与文学翻译 (literary translation)。实用翻译涵盖对公文、科技、商务等的翻译，强调描述其中的真实信息；文学翻译涵盖对小说、戏剧、诗歌等资料的翻译，重点在于描述修辞特征与情感内容。

### (四) 翻译的主要性质

语言的翻译模式主要有传统翻译模式和现代翻译模式。这两种翻译方式的不同主要是翻译基础的不同。传统翻译模式主要翻译技术是 19 世纪到现在的语言学理论基础；现代翻译模式是考虑到对方语言的应用和语言的使用环境等，从根本上对翻译进行调整和重新定义，更注重于语言的交流能力，而不是文字和文字的对应关系。

现在的文字翻译模式更倾向于从文学和艺术的角度进行翻译。在翻译的时候，不仅仅是文字和文字之间的翻译，对于作者所想要表达的情感和内在，也要用相应的语言表述出来。这种翻译方式不只是一种文字的转换，更多是一种文化和思想传递与交流。翻译是人们用一种语言去代替另外一种语言表达情感的方式，甚至现在的很多翻译活动大多数情况是一种文化之间的交流。翻译更多的要求学者和学者之间的共鸣以及翻译的人对作者思想的阐述，而不应该被文字和文字之间简单转换所限制。

因为以上观点的出现，致使现在的翻译不仅仅是一种对文字的处理，更多的是一种文化活动和文化交流的形式，是一种把语言作为载体而进行两种不同文化之间的转换。翻译可以说是两个不同的国度或者两种不同文化之间的一种交流方式。现在的翻译工作更多的是让人们对另外一种文化中各种各样的组成方式有所了解。

### （五）翻译的重要作用

翻译属于人类社会上存在时间最长的一项活动之一，和语言出现的时间基本一致。由原始群居部落的友好沟通、文艺复兴时发掘并散布古代文籍，一直到现在世界上的每个国家间经济、政治、科学技术、文学、哲学、艺术的积极沟通和来往，在坚持世界稳定发展并保持和平状态的过程中，翻译带来至关重要的影响。翻译期待互相理解、合而为一，去除不同之处，向统一的方向发展❶。

在世界中，语言为根基。事实上翻译不属于从文本至文本的思索，而属于对语言的思索。在语言学的角度，翻译应该由文本至文本；但是在文化的视角，翻译为由原文语言至翻译人，再由翻译人至目的语语言文化的过程。恰恰有翻译人或者有一些翻译人正努力完成由文本至文本的翻译，同时让“目的语”文化发生一些的变通与变化。翻译，不管其性质是思想运动、文化姿态，还是知识能力、职业，总是极其紧密地与它们当时的社会环境相联系。

翻译还被社会中各种条件束缚。翻译的方法、风格、观念、标准、样式均要和时代同步。关于世界中还有我国内部的翻译理论研究与实践活动，轻易地总结出翻译属于人们精神文化内最为敏锐、最具活力的领域之一。它不仅将国外人们的情感、思想引入国内，还将国外的语言表达形式（形成某样情感、思想的途径）引入国内。社会历史的发展中，持续突显翻译对语言变化的影响。文化和语言互相依赖，语言呈现文化并带有丰富的文化意蕴，并被文化束缚。文化和语言永远在发展。翻译属于原作和译作之间的一种“历史性碰面”。通过翻译，才让原作能够有可能到达其他区域，可以在其他文化里通过新的形式来展现。因此翻译为语言和语言之间的转变，更大程度上属于两类思想文化之间的沟通。所以翻译出来的文章要尽可能地强化并推动读者脑海里的可领悟不一样文化的能力在，减小因理解不足甚至是误解带来的差距。思维改变和精神树立成为促进社会改变的主要动力，而翻译可以直接并深刻地作用于思维和精神。

翻译既包含社会价值，又包含文化价值与语言价值，在世界文明发展中非常重要并且特别。发展社会的同时，累积并丰富文化和推动文明发展紧密结合，因

---

❶ 曾沉．翻译的作用与意义［J］．安顺学院学报，2008（3）：13－14.

此在讨论翻译对社会的影响时，其实已深入到翻译和文化进步的联系。在持续发展翻译探究的同时，人们对翻译文化的认知越来越清晰，对于翻译的意识，对其作用和意义的理解也不断地深入和提高。

总之，翻译于文化思想方面的促进作用会日益显著，人们更应该完全地理解翻译的作用与意义。很多的新型科学知识和新型学术思想，均是以翻译的方式来实现在异域的散布与发扬。通过翻译的渠道，让世界更科学、更正确地了解中国，明白中国的内涵。在新型时代，我国的文化更要将翻译作为指路灯，在世界范围的文化里寻回该得的地位以及自信，弘扬我国文化。

### 二、翻译学

作为一门学科，翻译学具有科学的基础理论体系，这是由于其所采用的唯物主义辩证思想以及学科各构成要素的性质。翻译学建立的目的并非寻找可以直接解决具体实践问题的规律方法，而是为了使翻译活动更加理性，为译者提供参考借鉴的依据，为翻译活动的发展提供指导原则，使包括专业学习者在内的特定译者群体可以产出真正意义上的、艺术与科学性兼备的翻译作品。所谓规律是指不同阶段内研究者群体建立在一定经验范畴内的、具有区间性的实践规律，是一定抽象的概念体系所表征的实践对象，往往由若干经验模块所构成，对翻译实践具有开放性的指导作用❶。

建立翻译学应具备四个理论基础：一是构建学科不一定要在其所属领域内所有理论问题得到明确后才进行；二是理论体系的提出者不一定要将所有研究方法和之间的联系探明才能建立该学科；三是每个理论研究者都具有独到见解，学科的建立要靠广大理论工作者携手合作、共同努力；四是对翻译学进行研究时，关键在于研究理论构建者自身的认识，以及其思维模式和所采用的研究方法。就这些意义而言，只要一本以“学”命名的论著对某个学科构建有所价值和贡献，就应该对其予以充分的包容和认可，鼓励研究者进行深层探索，推动学科理论和实践的发展。

## 第二节　翻译学研究的核心问题

翻译学研究的核心问题有以下三方面。

### 一、翻译学构建理论的体系问题

对于翻译学的建立，不必在一开始就构建出完善的理论体系，可以由基础理

❶ 曾利沙．全球化背景下的外国语言文学研究丛书翻译学理论多维视角探索［M］．上海：上海外语教育出版社，2012．

论出发，逐步进行尝试性构建。针对翻译学的建设也是有诸多研究，例如，翻译研究有5种途径：文艺学途径、语言学途径、交际学途径、社会符号学途径、翻译学或综合性途径，并提出要综合不同的研究方法，建立独立的翻译学；建构中国翻译宏观框架的提出，为翻译学研究提供总的研究思路；从建立（文艺）学派的角度阐释了中国译学研究的可行性途径；从建构主义视角阐述了建设翻译学的设想。

基础理论体系主要包含以下内容：理论实践之间存在的辩证关系、翻译过程中译者心理活动及其个人特性的表现方法、翻译活动的原则及标准、对“意义”的分析和阐述、对翻译中艺术性与科学性的表征研究、关于翻译手法及技巧的理论根据、翻译方法在实践中的典型与非典型应用、其他学科中可以应用于翻译学科理论研究及实践的概念理论以及其所体现出的特点及价值、核心理论范畴体系的建构等。

另外，基础理论中还涉及如何进行译本对比研究，将不同时期、不同翻译理论研究者的代表性论著予以对比研究，就其实践范畴、所具有的局限性、支撑理论的思维方式及其目的语普适性等方面进行客观评判，探讨如何将理论应用于翻译教学实践以及从感性过渡到理性认知层面等问题。

## 二、理论标准、原则与规则的建构问题

从翻译原则及标准的角度来看，翻译学主要为了阐释人们在翻译程序中主观意识下的努力方向以及客观规定的特性如何在翻译实践过程中得到反映。诸多理论研究者与实践者经过共同的努力工作归纳总结出翻译的原则和标准，其具有通用性。但翻译学的原则应区分一般性和特殊性，针对我国翻译学中普遍奉行的“信、雅、达”原则来说，两者之间的联系应加以明确。

从理论研究范畴看，原则可作为翻译学的一般性逻辑范畴进行研究。例如，格莱斯在语用科学中所建立的“合作原则”即为一般性会话原则，它属于语用学科的基础理论。因为一般性会话往往不需考虑特殊情况或具体条件，人们的会话中一定会遵守合作原则。但语言事实的情况却并不是这样，例如利奇提出的“礼貌原则”是会话特殊性原则，但此原则是将不同的特殊性因素或条件加以考虑的结果。同理，翻译理论原则也可以采用范畴化的方式予以拓展，如根据翻译文体和目的，确定一些相应的特殊性原则，如诗歌、文学作品、电影剧本、法律文件、广告等翻译原则次范畴。

“原则”和“标准”是两个容易造成混淆的不同概念。在当前的翻译学界，对于翻译的原则与标准往往没有区分得非常清楚，例如“准确通顺”和“信、雅、达”都被看作是翻译的原则或标准，代表同一个概念，将“信”这一原则或标准理解为“用别的语言将翻译原文的内容及风格精准地传达出来”。

原则指的是翻译者努力方向的理论性说法，标准指的是实践操作中用以参考的参数。例如遵循“信”原则必须按照原文想要表达的思想意义和风格准确无误地通过译文传达，“信”的基础是在主观认知前提下可以客观定性分析的客体对象，是主客两者合一的结果。如取信“意义”标准的理论依据就应有一组检验“信”度的意义参数，意义参数既是主观认识的产物，又反映客体的属性。遵循“信”作为标准并不是要求所有翻译者对同一翻译单位采用同一的意义转换方法，就好比产品检测的国家产品质量标准检验局，其检验标准是涉及内在外在等方面的一系列确切参数，但同时在具体细节如外观设计、产品规格、生产制造形式等方面会有相对灵活的规定。质量标准的检验内容不包括生产厂家为了提升产品质量和市场竞争力而采用的具体技术，这是另外一个层次的讨论内容。

## 三、翻译标准或原则及意义的关系问题

翻译标准或原则理论等属于主观范畴的概念，而主观认识和要求又必须与翻译客体的客观属性（意义问题）密不可分。所谓“辨义为翻译之本”指的是翻译者在翻译活动中需要对义进行辨析、筛选和表达。辨义需要处理话语或语篇中诸如词素、词形、词组、句子、熟语、话语、超句体、语篇等不同类型和层次的代表性单位。不同文化下的语言和思维不尽相同，加之有些作者会使用较为个性化的语言表达，因此不同的翻译者对于不同层次单位会产生不同的处理，其通过翻译展现原文意义的最终结果也有所区别。

即便是这样，人们仍然可以评判一篇译文的翻译质量，评判的标准主要依据对原文及译文表现意义的定性分析而设置的相关参数。话语单位中表示基础逻辑的语“义”与表示交流效果的其他信息或特别含“意”结合在一起共同组成“意”“义”这一综合体，其所包含的语义和含意同时具有动静态两方面的特点，形成了层次各异的意义体系。依据“信”这一标准的相关参数只能对意义进行定性判断。

在细节层面的实际情况多种多样，因此翻译作品可以在一定程度上有所差别。遵循翻译标准进行检验的内容不包括不同翻译处理方式下产出的不同译作，此部分内容可以在翻译学理论下的翻译方法中进行探讨研究，考察使用不同翻译方法产出的译作体现出的翻译者心理和操作理论依据，同时加以归纳、总结和演绎，形成具有实践意义和普适性的科学指导方法。基于此，以“信”作为翻译标准需要遵守如下规定：只客观规定原文中不同层次代表性单位的意义以及其对应功能的总体表达效果，对于详细翻译方法不进行确切规定。对“意义”进行定性层面的分析具有重要理论价值，不仅可以为翻译者提供用以翻译理解和表达的参考参数，还可以作为翻译质量评判的分析手段，研究翻译者在操作过程中关

于不同层次意义选择的心理活动和在不同文化背景、思维方式所形成的制约下翻译者操作时所采用的对策。

## 第三节　翻译学结构图

在翻译学不断发展直至成为独立学科的过程中，詹姆斯·霍姆斯所做的相关研究论文《翻译学的名与实》对其专业体系的构建产生了极其深远的影响，同时，这篇论文在翻译学的发展史上，具有不可撼动的地位，包括根茨勒也在其专著《当代翻译理论》中对詹姆斯的论文大加赞赏，并且翻译学界普遍将詹姆斯的论文认定为该学科的开山之作。一定意义上来说，翻译学相关学科多半是由其他学科发展衍生而来，并且霍姆斯最终发表的相关论文也只不过是其于 1972 年参加国际应用语言学翻译会议演讲稿的修改版，在发言中，霍姆斯指出，翻译学的起源可以追溯到更为久远的古老学科，譬如语言学等。同时，霍姆斯还提出尽快构建翻译学发展的相关体系框架，其对于翻译学后续的发展起到至关重要的作用，该框架体系中描绘了翻译学的研究范围，后来，该框架由以色列著名翻译图里的名字来命名，如图 1-1 所示。

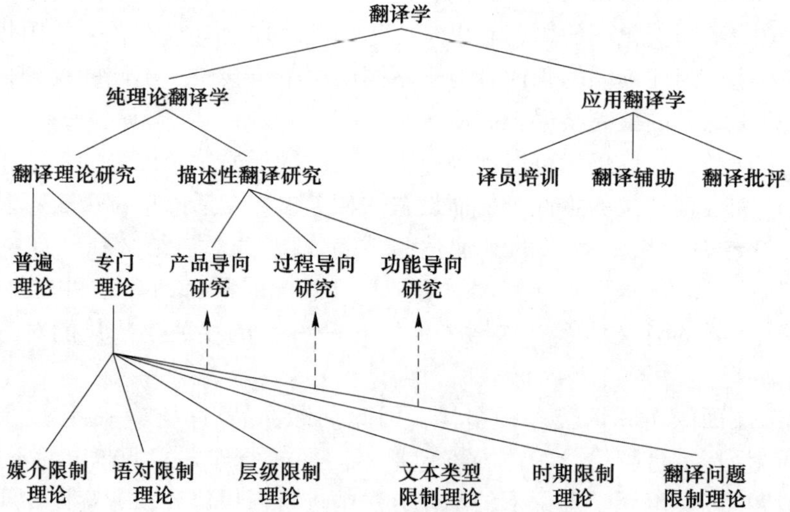


图 1-1　翻译学结构图

纯粹理论性的翻译学的目标有以下两个方面：描述翻译现象；明确翻译的普遍规律，从而分析和说明以上出现的翻译现象。“理论研究”在一定程度上又被分为普遍理论及专门理论，同时，霍姆斯根据普遍理论的相关原理内容，对其内在含义做了确切的解释。同时也提出“专门理论”的适用范围有一定条件限制。

对于“纯理论翻译学”分支学科的描述，一般情况下立足于“描述性翻译研究”，可以从以下几个方面对其进行分析和描述，分别是：翻译作品；翻译功能；翻译过程。

（1）产品导向研究考察现成的翻译作品。现成的翻译作品多针对单一原文以及其译文进行比对，从而对具体作品进行分析和相关描述。在某种程度上，也可以针对同一个翻译作品原文的不同版本的译文进行比较。以上两种翻译类型被称为是小型研究，随着其不断的积累和发展，最终可以转换为大量的翻译分析。以 21 世纪的英汉互译为例进行分析，其翻译报告多出自以上两种类型。

（2）功能导向研究。霍姆斯对于功能导向研究的分析更加侧重于翻译版本的社会文化功能，即更加重视翻译内容的语境而不是文本。该研究所涵盖的内容有：翻译了哪些文本，何时何地翻译，产生了何种效果。譬如，在研究莎士比亚的相关作品翻译时，不同语言体系的翻译侧重点是不同的。霍姆斯将该领域的研究称为“社会翻译研究”，即将其看作是翻译的社会化或者趋近于社会文化发展内涵的翻译。霍姆斯发表此论文时，其对于相关领域也并未进行深入研究，但是其理论却对于后翻译学的发展产生了重大的作用和深远的影响。

（3）霍姆斯对于过程导向的研究着重于翻译心理层面，即翻译者大脑的整个活动过程。以此而衍生出的翻译研究包括有声思维研究，而近年来的视线跟踪等科学技术的发展也进一步推动该研究的发展。

描述性翻译最终所衍生的结果在一定意义上可以为理论翻译研究提供强有力的支撑，从而延伸出普遍理论，或者更具社会文化发展特征的翻译学相关理论。

媒介限制理论在一定程度上可以被分为机器翻译和人工翻译，其二者各有长短。机器翻译的主体是机器或者计算机，被视为自动翻译，而人工翻译则是人在机器的辅助下完成，被分为笔译和口译，而口译也可以被分为交替口译和同声口译。

除此之外，霍姆斯在对比语言学的发展基础上提出语对限制理论，其与文体学的联系也十分紧密。

层级限制理论是限于某个层级，通常是单词或句子层面的语言学理论。

文本类型限制理论专注话语类型与体裁，例如文学、商业和科技翻译。

时期限制理论，顾名思义，是指特定时间段和特定时期的翻译理论和作品，翻译史就属于这一范畴。

翻译问题限制理论可以指某些特定的问题。

需要强调的是，以上这些理论可以同时起作用。

霍姆斯框架中的“应用翻译学”分支主要是指与翻译实践相关的应用研究，其包括：① 译员培训，教学法、测试技巧、课程设置；② 翻译辅助，如词典和语法书；③ 翻译批评，对译作所做的评估，包括对学生作业的批改以及对正式出版译作的评论。

霍姆斯还提到另一个领域，即翻译政策，他强调翻译学研究者可以帮助确定翻译的社会地位。其包括翻译在语言教学课程设置中是否应该占有一席之地，如果是，则占据怎样的位置。

这一翻译学框架也存在问题，结构图中的总体分类从许多方面来看都只是人为的分类，霍姆斯自己也指出，翻译理论研究、描述性翻译研究、应用翻译学彼此并不孤立。这一分类方法的最大好处是清晰划分翻译研究不同领域的工作，而在这之前它们的关系一直都模糊不清。图里的分类还具备相当灵活性，能将该学科的最新发展，如近年翻译技术的进步，吸收进来。科学的翻译理论框架对翻译研究工作的合理分工具有主要意义。霍尔姆斯的翻译研究框架能够涵盖当前翻译研究的各个领域。根据这一框架，翻译学的研究重点应该侧重描写翻译学基础上的语言和文化的对比翻译理论。

应用翻译学分支展开如图 1-2❶ 所示。

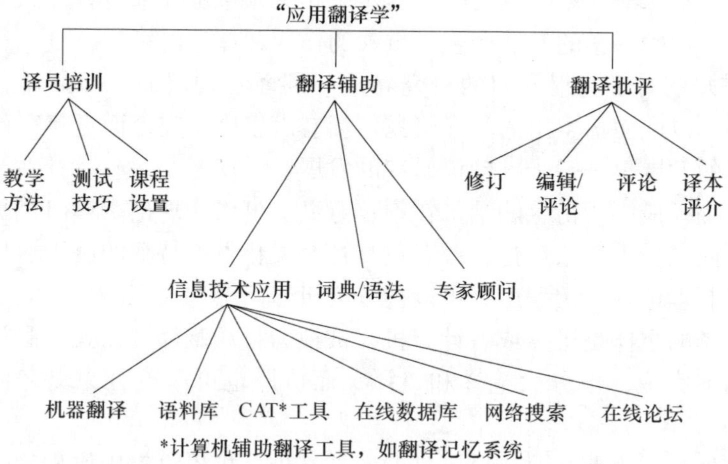


图 1-2　应用翻译学

图 1-2 中保留了原来的分类，但补充了一些细节，鉴于计算机辅助翻译工具（CAT 工具）和自动翻译的普及，特别补充了翻译辅助部分。霍姆斯的论文也许已经过时，但其重要性在于阐述了翻译学的全部潜能。这一结构图仍然经常作为许多研究的起点，尽管其后的理论研究都尝试改进其中部分内容。

"翻译政策"如今更多与决定翻译的意识形态相关联，包括语言政策和霸权相关，而非霍姆斯当年描述的情形。如图 1-1 所示，图里对描述性翻译研究以及

❶ Munday J. 翻译学导论：理论与应用［M］. 3 版. 李德凤，译. 北京：外语教学与研究出版社，2014.

翻译理论研究分支的进一步分类完全可以增加语篇以及文本类型。在理论研究领域，率先将翻译政策纳入应用翻译研究范畴的是霍姆斯。他在“翻译研究的名与实”中对翻译的政策做出界定。他认为：翻译研究者在（翻译政策）这一领域的任务就是提供合理建议，以确定社会中译者、翻译活动及译作的地位和作用：如在特定社会文化情境中应该选择哪些作品来翻译；译者的社会经济地位如何；译者应该具有何种地位；翻译在外语教学中应起的作用等。翻译政策是国家或政府机构也包括非政府性民间团体或组织在国家指导或影响下，针对翻译活动所做出的指导方针或具体规定。它对于国家的文化战略起着举足轻重的作用。

## 第四节 中西方翻译发展历程

### 一、中国翻译的发展历程

中国文明有几千年的历史，相关文字记载，翻译在周朝就已经出现。在夏商周时代，通信是最常见的交流工具，不同的民族、不同的部落杂居在一个地方是常见的事情。通过《左传》可以了解，周朝国内居住有犬戎、山戎、赤狄、白狄、戎蛮等十几个民族，不同的民族和中原的汉族拥有不同的生活、语言、饮食和风俗习惯等。《左传·襄公十四年》中记录：戎族酋长戎子驹支曾说：“我们少数民族在饮食和服饰上和汉族是不一样的，货币流通不顺、语言无法沟通。”汉族想要和诸多少数民族交往，就需要请专业的翻译。周朝的翻译官职在《礼记》和《周礼》中都有详细记载。

《后汉书·南蛮传》对周朝的口译进行了详细记录：“南部边境的越裳国。周公从政六年的时间内，开始教会他们礼乐制度，天下一片平和。越裳国通过三个翻译官将白雉进贡给周朝。”象，是指翻译官的意思，后来专门指代翻译南方国家语言的翻译官。在《礼记·王制》中记载：“中原、夷、蛮、戎、狄，是五个地方的子民，相互不同语言，习俗不同，要了解他们的志向、明白他们的需求，就需要东方的寄、南方的象、西方的狄鞮，北方的译。”这里除了“译”以外，“狄鞮”和“寄”都是翻译官的意思。

西汉时期刘向所著的《说苑·善说》中对鄂君子晳找人翻译《越人歌》进行了详细记载，这是中国早期的笔译记录。《后汉书·南蛮西南夷列传》中提及了白狼王唐的著作《慕代诗》的三个章节，《远夷怀德歌》《远夷慕德歌》《远夷乐德歌》。《列传》这本著作中不但记载了三首诗的作者、译者，还保留原文和译文的对照。这是中国诗歌翻译史上的最早记录。

汉代的政治、军事上需要频繁与北方游牧民族进行沟通和交流，“译”逐渐变成了总称，东汉时期启用了“翻”这个字，南北朝时期的翻译作品中已经开始使用“翻译”一词。

我国的翻译经历了四个重要历史阶段：第一，东汉时期到隋唐时期（本书未做过多论述）；第二，明末清初时期，这时候以自然科学翻译为主；第三，近代文学翻译时期；第四，中华人民共和国成立后的时期。四个时期都为后人留下了丰富的翻译思想和资料，奠定现代和近代翻译史的基础❶。

### （一）1600—1644 年的翻译发展

16 世纪初期，西方列强开始对中国东南沿海地区进行掠夺，英国、荷兰、西班牙、葡萄牙等国家都曾参与。这个时候，西方传教士也开始了中国的传教之旅，他们为中国人科普了大量的自然科学知识，还对数学、天文、机械等著作进行了翻译，为中国人提供了了解西方科学知识的机会，开阔了国人的视野，增加了他们的见识，为中国人提供一个了解国外事物的机会。

在这个时期，来自意大利的利玛窦和徐光启两人协作完成了《几何原本》前六卷的翻译工作，是一项具有很大影响力的事件。利玛窦是意大利的传教士，来中国之前学习过汉语，简单了解中国的文化，他是个外表儒雅，懂中文，并熟识“四书”“五经”的人，他于 1583 年来到中国，打开了明清时期中国和西方文化交流的大门。徐光启是我国近代科学的先驱，是杰出的爱国学者和领导者，他认为要利用科技翻译来学习国外的科技成果，并为中国所用，不断强大国家。利玛窦除了和徐光启合作翻译外，还和李之藻、叶向高、杨廷筠等人协作翻译了天文等其他科学的书籍。来自英国的伟烈亚力联合我国著名翻译家李善兰，完成了《几何原本》后九卷的翻译工作，使得中断将近 200 年的科技翻译得以延续。

### （二）1840—1949 年的翻译发展

1840—1949 年，翻译的主体发生了改变，这是这个时期最明显的特征主要是知识分子群体的变化。近代社会，许多学者为了实现强国的宏大志向，不断对西方科学进行研究和借鉴，政府也创办了外语学校，并派遣留学生赴国外学习。当时的京师同文馆开设了英文馆、俄文馆和法文馆，后来开办德文馆，这是中国第一所外语人才培养高校。之后广东和上海方言馆陆续开设。这时候，在新式学堂和教会学校中都增设了外语课程，为中国培养了许多外语人才。这时候赴美国、日本和欧洲的留学生也成为日后从事翻译工作的主体。

这个时候的翻译已经采用个人独立完成的形式，个别的典型人物（如林纾）仍然保持合作的形式，翻译的作品也基本是文学作品。通过近代的翻译史可知，翻译遵循从科学翻译到社会科学翻译再到文学翻译的过程，文学翻译虽然发展较迟，但是对中国的翻译产生了很大的影响。

---

❶ 肖家燕，夏锡华．新编英汉翻译教程［M］．武汉：华中师范大学出版社，2012.

1840 年之后，中国的知识分子提出要学习西方的军事和机器技术。在这种思想的影响下，关于计算学、测量学、天文学、兵法、力学、医学、化学、文学等的作品翻译层出不穷。相关数据统计，江南制造局作为当时中国最大的翻译机构，所翻译的作品有 163 种之多，其中关于自然科学的译本占据 80% 以上。

19 世纪 70 年代，中国学生兴起因公到国外留学的热潮。1872 年的夏天，陈兰彬带领中国第一批留学生去往美国深造。他们在国外进行探索、考察、体验，学习西方的新进科学技术，感到中国科技的落后，并开始翻译这些类型的书籍。严复是这个时期的代表人物，他翻译出了十几种西方资产阶级的著作，包括经济学、哲学、社会学等方面，最出名的当属《天演论》，这是八大社会科学名著之一。

文学翻译是在 1895 年之后兴起的。1899 年，林纾和王寿昌联合翻译了《巴黎茶花女遗事》，掀起了中国文学翻译的新时代。20 世纪初期，文学翻译达到鼎盛时期。近代翻译史中，最出名的翻译家就是严复和林纾二人。在严复翻译《天演论》的过程中，他总结出了“信、达、雅”的翻译标准，为后世提供了参考，并沿用至今。林纾外文水平有限，主要借助口译者传递信息，翻译出了 160 多种不同类型的小说，是中国近代翻译西方小说的第一个人。

在 1919 年间，文学作品是翻译的主流，每个文学社团都有自己的翻译理念和主打的翻译家。茅盾和郑振铎是文学研究会的翻译家，他们属于现实主义，提倡翻译要为社会服务。郭沫若是创造社的成员，属于浪漫主义，主张个人主观情感的表达，徐志摩、朱湘是新月派的成员，他们翻译的诗歌很有影响力。左联是当时由众多文艺流派组合的机构，倡导翻译要以革命现实主义为目标，增强唯物类型的文艺评著和苏联社会主义相关作品的翻译。

这个时期的重大历史性事件，就是朱生豪翻译了莎士比亚戏剧。朱生豪（1912—1944 年）大学毕业之后由于对莎剧的热爱和对国家的热爱，开启了翻译莎士比亚全集的工作。他克服了病痛和饥饿的折磨，历时 10 年翻译出了 31 集半，在还差 5 集半就完成全集翻译工作时，因为病重离开人世。朱生豪高超的英语水平和扎实的古典诗词功力使得他的译本质量极高，受到翻译界的一致好评。

### （三）1949 年以后的翻译发展

中华人民共和国成立后，翻译有了另一片天地。在中国共产党的领导下，翻译按照文艺方针，以社会主义服务为核心。从中华人民共和国成立到 1996 年，主要以苏联和亚非拉等社会主义国家的作品翻译为主。苏联现当代文学、俄国古典文学、批判现实主义文学等方面都出现了专业的翻译学家。他们将普希金、高尔基、列夫·托尔斯泰、奥斯特洛夫斯基、法捷耶夫等著名作者的作品都翻译出来，这些翻译家包括汝龙、吕荧、刘辽逸等。楼适夷、季羡林等是当时著名的亚非拉文学翻译家❶。

这个阶段对欧美作品的翻译较少，但也有一些经典作品。在英国文学领域，莎士比亚悲剧《哈姆雷特》在卞之琳诗体翻译下展现了莎剧的气势；哈代的小说在张谷若的翻译下精准传达给中国读者；弥尔顿的《复乐园》在朱维之翻译下栩栩如生；英国浪漫主义诗歌通过查良铮的翻译走向中国等。在法国文学领域，巴尔扎克的《人间喜剧》通过傅雷翻译走向大众；莫里哀的喜剧通过赵少侯翻译来到中国；司汤达和乔治·桑的小说通过罗玉君翻译得以呈现。在德国文学领域涌现出了诸如张威廉、冯至、傅惟慈、钱春绮等在内的优秀翻译家，他们几乎将世界上著名的德语作品都翻译成了中文。在改革开放的浪潮中，我国的翻译事业蒸蒸日上，翻译的范围也不断扩大，质量不断加强，在规模和影响力方面都超越了其他时期，翻译的发展促进了新时期文化领域的繁荣。

## 二、西方翻译的发展历程

西方翻译理论具有系统全面而完整的组织体系和发展脉络，经历了以下四个时期。

### （一）中世纪时期的翻译发展

中世纪时期，即西罗马帝国崩溃到文艺复兴时期，西方多国开始翻译之路，善于创作的英国阿尔弗雷德（849—899年）采用意译法用古英语翻译拉丁语作品数篇。十一二世纪，西班牙中部地区托莱多成立“翻译院”以阿拉伯语的希腊作品翻译成拉丁语为主，延续欧洲断裂的文化传统。民族语的翻译在中世纪末期也悄然而生，越来越多的民族语翻译也让民族语渐渐成熟。越来越多的翻译家也被人们记住，翻译波伊提乌的全部作品和薄伽丘的《菲洛斯特拉托》的是英国乔叟，翻译希腊语和拉丁语作品的是著名俄国基辅时期的莫诺马赫、雅罗斯拉夫等。

这一时期的代表人物曼里乌·波伊提乌是罗马政治家、哲学家和翻译家，他提出翻译要求内容准确而不追求风格优雅的直译，主张译者应当放弃主观判断权的客观主义观点，在当时产生了较大的影响。

### （二）文艺复兴时期的翻译发展

14—17世纪的文艺复兴时期是西方翻译较为繁荣的时候，孕育多位杰出翻译家，留下许多影响西方翻译发展的理论。

---

❶ 朱风云，谷亮．英汉文化与翻译探索［M］．北京：北京理工大学出版社，2017.

英国查普先后翻译荷马史诗《伊利亚特》和《奥赛德》，成绩斐然，他不主张过于严格或者过于自由的翻译。荷兰德是英国16世纪最著名的翻译家，多样化作品题材中以历史翻译为主项，译作有里维的《罗马史》等，这个时期的英国翻译题材涉及历史、哲学、伦理学、文学等多方面著作，促进了西方翻译的发展。

法国的阿米欧于1559年翻译的《希腊、罗马名人比较列传》内容忠于原文，译文淳朴自然。语言学家、人文主义者多雷的《论如何出色地翻译》更加精确地阐述了翻译的基本准则：译者要完全理解翻译作品的内容，要通晓所译语言，语言形式要通俗，要避免逐字对译，要注重译文的语言效果。

德国翻译家路德则遵循通俗易懂的大众化原则，巧妙将方言精华运用在官府公文上，让本民族普遍接受的文学语言形式推动德国文化的发展，他认为翻译必须采用平民化的语言，必须注重语法和语意之间的关联，必须遵循一些基本原则，这些理念使得他取得相当大的翻译成就，德国另一代表人物伊拉斯谟也主张翻译必须尊重原作，译者必须博览全书，保持原文风格。

西方译学在各国学者的带领下，使得人们对翻译的认识更加深入，发现更多问题，为西方翻译理论形成奠定了坚实的基础。

### （三）近代时期的翻译发展

17世纪至第二次世界大战结束的近代时期是西方翻译的黄金时期。17世纪，法国文坛盛行古典主义，翻译以古希腊、古罗马的文学作品为主；18世纪，法国向往古老神秘的中国，翻译了不少中国作品，元曲《赵氏孤儿》就是这个时期译介到法国的。19世纪则以西方各国文学的翻译为特色，莎士比亚、歌德、但丁、拜伦、雪莱的许多作品都有了法语译本。

1611年，英国谢尔登译出了塞万提斯的《堂吉诃德》，1715—1720年期间，蒲伯在查普曼译作基础上重新翻译了《伊利亚特》和《奥赛德》，1859年欧玛尔·海亚姆的波斯语作品《鲁拜集》拥有第一个英语译本，经过多次修订，跻身英国翻译史最优秀译作之列。英国的约翰·德莱顿将翻译分为三大类：逐字译、意译和拟作，即作品必须掌握原作的特征，服从原作的意思，并且考虑读者的因素。

19世纪的德国已成为翻译理论研究的中心，哲学家施莱尔马赫，文艺理论家和翻译家施雷格尔，语言学家洪堡特就是这一时期的代表人物，施莱尔马赫提出“阐释法”，即将研究重点从语言和思想方面过渡到研究方法和翻译术语中，从具体到抽象，较为全面地论述了翻译的类型、方法、技巧，形成了比较系统的翻译理论，在当时轰动翻译学界，至今仍起到一定的作用，施雷格尔和洪堡特在此论著中加以补充发挥，《论翻译的方法》中主要内容包括：翻译分为笔译和口译；翻译分真正的翻译和机械的翻译；必须正确理解语言思维的辩证关系；翻译有两条途径：一条是尽可能忠实于作者；另一条是尽可能忠实于读者。

（四）现（当）代时期的翻译发展

西方现（当）代翻译理论时期指从 1945 年至今，值得一提的是，1939—1945 年间翻译和翻译理论研究受到严重地破坏导致这期间几乎没有出现作品或者研究成果，战争结束之后，翻译和翻译理论研究迅速恢复并取得历史性的突破，翻译的范围、形式、规模和成果远超前几个时期，理论研究的深度和广度也在不断扩大。

改革开放以后，中国翻译学界主要还是学习西方的资源、灵感与思考，有别于传统翻译理论。受现代语言学和信息理论的影响，翻译理论研究被纳入语言学范畴，其在文艺派中异常突出有明显的人文特征，也因此在研究层面上转向科学与人文结合。

# 第二章　翻译理论的发展与演进

随着中国的政治经济文化快速发展，对外交流的日益频繁凸显了对翻译实践的需求，对外宣传、政治经济、文化科技等各个领域的口笔译工作量急速增长，主流翻译对象从文学翻译转为非文学翻译和文化翻译，翻译方向日益凸显出汉译外的重要性，翻译主体变得更为多样化，因此，深入了解翻译学理论的发展与演进是很有必要的。鉴于此，本章主要围绕“字对字”与“意对意”、中国与阿拉伯早期翻译论述、系统翻译理论早期尝试、施莱尔马赫的翻译理论：对异质文化的处理、19 世纪英国翻译理论以及当代翻译理论展开论述。

## 第一节　“字对字”与“意对意”

20 世纪 50 年代以前，西方各翻译流派针对逐字翻译、意译和拟作三分法长期各抒己见、争论不休，没有任何的进展和成效。

在翻译理论发展过程中，明确将“字对字”和“意对意”区分开来，始于公元前 1 世纪的西塞罗和公元 3 世纪的哲罗姆理论。此种区分为数世纪以来古罗马和古希腊文明占据主导地位的西方翻译理论及翻译事业的发展奠定了坚固的基石。

西塞罗直接反对“字对字”翻译方式是在其《论最优秀的演说家》这一修辞学著作中。西塞罗在介绍自己如何翻译古雅典著名演说家埃斯基涅斯和雄辩家德摩斯梯尼的演说辞时讲道：我在翻译的过程中并没有把自己看作是翻译者，而是站在演说家的角度进行翻译，本文保留了和原文同样的思想轮廓和形式，但是具体的语言却符合人们日常表达习惯。作者的观点是，没有必要逐字逐句一对一地翻译，只需要保留原演说辞的整体语言风格和力量即可。

由此可见，上文中提到的翻译者就是逐字逐句进行字对字翻译，这种翻译方式和演说家截然不同，后者更注重文字带来的号召力和感染力。这一创新性翻译理论的提出完全打破了那个时代古罗马的主流翻译理论和方法，即“字对字”逐字逐句的语言替换。该翻译方法对习惯将原文和译文进行一对一比较阅读的人有很大帮助。

在西塞罗之后，很多翻译工作者也对“字对字”直译的方法提出了质疑和反对。著名古罗马诗人贺拉斯就是其中的突出代表之一。其在代表作《诗艺》

中指出：翻译不能逐词死译，要创造性地使用优美的语言达到赏心悦目的美学效果。此种翻译理论和思想为后世的翻译工作和理论发展带来了深远的积极影响，并一直延续至今。

古罗马神学家哲罗姆直接提出“直译”和“意译”理论，除了圣经翻译之外，他反对其他生搬硬套的直译方法。哲罗姆认为：直译会让语言的句法结构和原文极其相似，而且有些原文中的词句甚至无法找到适合的词语去代替，这时直译产生的文章就会荒谬无稽，且无法具体形象的传达原文所要表达的意思。但是意译就能完美地解决这一问题。从翻译的两极论述中可以一窥直译和意译、形式和内容两种翻译理论争论的源头，并一直延续至今还没有明确的是非成效。

## 第二节　中国与阿拉伯早期翻译论述

在以古罗马和古希腊文化为代表的西方，哲罗姆的直译和意译理论得到了翻译界的普遍认同和肯定。同样，在中国和阿拉伯等翻译历史悠久的国家，翻译的两极争论也从未停止。在我国，以孔慧怡和卜立德为代表的翻译理论，翻译用语深受现代西方影响，这些用语的翻译版本较多，如“意译”这一词语的字面注释就是“按意思翻译”，是中西方翻译理念的共性表现。同时，也非常重视译文的美学效果和风格把握，归类总结不同类型文章的翻译要点和注意事项等，明确指出非文学性的文章不能翻译成文学性很强的文章。深入探讨了音译等翻译中常见问题的处理措施等。不过，后期两人又对自己的理论作了进一步修改和拓展，指出翻译工作要注意尊重和重现原文的文化、社会等背景❶。

最近几年，西方国家越来越重视其语言体系之外的其他翻译著作，着重提出了一些至关重要、亟待解决的理论问题，如“原文”和“源语”问题。在没有载体记录的年代，人们对生活经验、文化知识等信息内容的传播一般都是口口相传，这一段时间无法具体追溯，到有文字记录这些内容时，多个原文就会出现，尤其在语言众多的地区。即使文字记录的信息，在长期的翻译流传过程中，最原始的文本可能会遗失或者损毁，不过汉语译本还在，但其是否精准再现了原始文本的内容已无法考证。这时从一定程度上来说，汉语译本就变成了原文。一般而言，完整的译文需要多人共同参与完成，比如翻译者口译、助理记录、其他人校对、定稿等，还有汉英对等词问题。陈德鸿教授对此做了详细分析，他认为意译一词存在滥用现象，其实意译的准确释义应该是意对意翻译或者是语义对应，不符合这一释义的情况不可随便乱用。而与之相反的词语是直译，其准确理解应该

---

❶ 张之材．超学科到翻译理论的创新——评《翻译的超学科研究》［J］．新闻与写作，2019（1）：118－119.

是直接翻译，也就是最贴近原文的翻译。

阿拉伯地区也存在直译和意译的两极辩论。在阿巴斯王朝统治阶段，翻译活动进入兴盛繁荣期，翻译语言和题材丰富多样，重点工作是借助古叙利亚语，将科学、哲学等方面的希腊语著作翻译成阿拉伯语。而这一翻译过程主要采用直译和意译的方法。直译就是将希腊语的词汇一对一地翻译成对应的阿拉伯语，遇到无法翻译的词语就直接不翻译，借用原文词语；意译就是保持语义的对应一致即可，无须逐字翻译。意译后的文章不但完整地再现了原文表达的意思，而且更符合阅读者的语言习惯，行文更加流畅通顺，利于广泛的阅读学习。

## 第三节 系统翻译理论早期尝试

### 一、德莱顿的系统翻译理论

17 世纪的英格兰标志着翻译理论向前跨出了重要的一步，德纳姆、考利和德莱顿等人的“论述慎重合理，目的及意思准确无误”。当时的英译作品几乎仅限于希腊和拉丁古典诗句，由于那时的翻译被视为一项创造性和创新性的活动，有些诗句的翻译十分自由。亚伯拉罕·考利（Abraham Cowley，1618—1667）在《品达颂》的序言中批驳了将诗歌“如实、字对字译成法语和意大利语散文”的观点，他还针对原文不可避免丧失美感的问题，提出了用“我们的才智或创造力”来创造新的美的应对方法。在创造美的过程中，考利承认他在翻译《品达颂》时“按照自己的喜好进行移除、省略和添加”。考利甚至提出了“拟作”的说法，用来指这种极端自由的翻译方式。与罗马时期不同，这种自由翻译方法并没有允许译者超越原文，而是要使得原文的核心以最好的方式再现。

此种翻译方式的自由度极高，与英国诗人兼翻译家约翰·德莱顿的翻译理念不谋而合。在其翻译理念中，翻译过程应该进行最为简短的默哀书，对以后的翻译理论和翻译实践的发展产生深远影响。奥维德于 1680 年《书信集》译本的书序中，德莱顿总结了翻译的三大种类：

（1）“逐字翻译”（metaphrase），与直译相同，“字字相对，句句相应”翻译。

（2）“意译”（paraphrase）：保留一定自由度的基础上进行翻译，译者要始终围绕原作者想要表达的思想观念和意图，更多注重原文意思上的保留而非语言使用上的相呼应，让作者的痕迹保留下来，可以适当改变原文的言语表达方式，但不能改变原文意思。

（3）“拟作”（imitation）：是极其自由的翻译方式，既不注重保留原文意思，也不保留原文的言语表达，与如今的改写差不多。

德莱顿所创立的“三分法”模型在很大程度上影响了后来的翻译著述。但是，也可以看出，德莱顿的翻译理念也在发生变化，从其翻译维吉尔的《埃涅阿斯纪》献词中可以发现，他的翻译方式既像是意译，又像是直译，处于二者之间：作者认为翻译的最佳方式是保持中庸，既不坚持意译也不坚持直译，而是在二者之间恰当把握，既要尽量做到贴近原作者意思，也要尽可能维持原文的言语表达，尤其是措辞上的独到之处。

可以说，德莱顿和其同时期译者的著述都具有很强的规约性，明确了他们眼中最佳译文所应遵循的规则。德莱顿的翻译理论对后来译者影响较为深远，但是他的著述具有明显的所在时期的表达特性：原作者和言语表达上的“一枝独秀”、原文的“气势”，保留原文意思的重要意义和翻译的“再生性”等。

## 二、多雷的系统翻译理论

规约的翻译方式出现在其他一些早期翻译理论作者的阐释中。最具代表性的就是艾蒂安·多雷，其翻译旨在于传播古典教义，为促进法语的发展贡献自己的力量。多雷在1540年写的《论出色翻译的方法》中总结了五大原则，同时依据重要程度予以排序：

（1）译者在翻译过程中首先要准确、完整理解作者的意图，但在面对略带晦涩之处时要大胆猜想，果断决定。

（2）译者要尽可能理目标语和源语，才能尽可能维护语言的权威。

（3）译者不应逐字逐句翻译。

（4）译者不应使用由拉丁语派生出来的词形以及生僻词形。

（5）译者要做到逻辑清晰，语言流畅，避免译文不通顺不合理。

由此可见，多雷注重的是对原文意思的尽可能保留，不应逐字逐句翻译。然而，正是由于多雷希望借着翻译这一特殊方式加强法语的独立性和结构，所以他非常看重译文的流畅性和说服力。

## 三、亚历山大·弗雷泽·泰特勒的系统翻译理论

亚历山大·弗雷泽·泰特勒的《论翻译的原则》作为专业性、全面性、系统性同时也是最早的翻译研究，和德莱顿的翻译观念有很大区别，德莱顿围绕作者阐述（“假定原作者足够理解目的语，按照原作者的可能性写法进行翻译”），泰特勒则认为只有面向目标语的翻译才是好的翻译：原作品的价值要和目标之间建立连接，让目标语读者在阅读时和同源语读者一样得心应手，完全理解原文，并能引发情感共振[1]。

---

[1] Munday J. 翻译学导论：理论与应用［M］. 3版. 李德凤，译. 北京：外语教学与研究出版社，2014.

与多雷相同的是，泰特勒也提出了翻译的三大“法则”，也就是泰特勒的三原则。

（1）译文应该完整、准确地还原原则的思想观念。

（2）译文的写作方法和风格特点要紧紧围绕原文。

（3）译文流畅度应与原文保持一致。

译文的第一条与多雷的前面两条如出一辙，那就是译者翻译的前提就是“完全准确理解”原文，要完全忠于原文和原作者。泰特勒的第二条法则则和多雷的第五条原则相似，都涉及风格、特点的处理，即要找到原文在风格上的“独到之处”并能在目标语中还原这一风格和“准确的理解”。第三条探讨行文流畅度的问题，泰特勒认为这是其中最困难的一点，借助传统暗喻的方式将其喻为临摹画家。所以，一定不能“一笔一画的模仿”，因为这样就会流失“原文的精神实质”，泰特勒认为要“紧扣原作者的精神根本”，但却没有具体的相关表述。

泰特勒意识到，前两条的原则实际上是两种完全极端且相反的翻译理念，一种是忠实于内容，另一种是忠实于形式，同时也再一次全面论述哲罗姆的字对字和西塞罗的意对意的翻译二分法。但其中最为重要的是，泰特勒和多雷一样，都对法则进行排序，以至于在后来的现代翻译理论中，此种分层分类的观念非常常见且占据举足轻重的地位。比如，有关“得与失”的讨论从未停止，泰特勒认为必要消除的标准理应是三大法则的排序。所以，由于风格的需求，在可以的时候应该适当放弃流畅度，若为了使得意思尽量符合原文，也可以适当放弃原文的风格特点。

## 第四节　施莱尔马赫的翻译理论：对异质文化的处理

在德国，哲学家约翰·哥特弗雷德·赫尔德有关语言和思想的作品对 19 世纪早期的德国浪漫主义者产生了重要影响，其中的重要人物包括歌德、威廉·冯·洪堡、施莱格尔和施莱尔马赫。浪漫主义者的兴趣之一在于如何利用翻译提升德国的文学与文化，他们主要关注可译性、不可译性以及翻译的神秘性问题。最广为人知的是，现代阐释学奠基者弗里德里希·施莱尔马赫在 1813 年所做的一场影响深远的演说，题为《论翻译的不同方法》，他的阐释学详述了一种浪漫主义的阐释方法，这种方法基于个体的内在情感和理解，而非绝对真理。

施莱尔马赫的分类方式同以往的翻译理论家不同，他将译者分为两种类型，第一类是翻译商业文本的翻译者，第二类是翻译文学作品的翻译者。

在施莱尔马赫看来，翻译学术文学作品的翻译者能够对翻译有更明显的想象力和创造力，能够为作品的翻译添加更多有学术性的词语。学术文本和艺术文本从理论方面而言，对其翻译不可能是字斟句酌，他们的文本要求极高的准确性，同自身的艺术文化息息相关，但在施莱尔马赫看来，翻译的关键因素，就是要将原文的撰写者和原文本身联系起来，将内容与情感联系起来。他反对直接性的翻译方法，在他看来，翻译作品只有两个出发点，一是贴近读者，二是贴近原作者，只要满足两者其中之一就是成功的翻译作品。

而对于施莱尔马赫来讲，其更倾向于适应读者的翻译方法。翻译文学作品，更多的是为了传播，为了让读者欣赏不同国家的文学。译文不需要遵守原有语言的表达习惯，应当顺从目标语言的阅读习惯，因为最终呈现出来的作品是为了让人阅读。所以，通晓两种语言的译者能更好表达出适合的文学语言，能让读者更好地理解，领略原文的风采。以此为目标和出发点，译者就必须采用陌生化或者异化的翻译方法，才能够让读者感受到原文异文化的独特性和价值。

上文所描述的方式会造成以下结果：

第一，翻译者想要向读者传达自己从原文体会到的情感和情绪，但是不能确定读者对文章内容的感受与理解，因为其与读者自身的文化水平、生活经历息息相关，读者的文化水平越高，对翻译作品中传达的情感感受能力就越高。众所周知，“一千个人就有一千个哈姆雷特”，所以读者和译者的感受很难达到高度统一。

第二，翻译的语言有多种形式。比如，译者在翻译原文时，可以适当运用自己的文学语言和修辞手法来填补译文的空白效果，也就是所谓的“意译”。

## 第五节　19 世纪英国翻译理论

在 19 世纪，翻译者为引进他国文学做出了巨大贡献，是文化传播的中坚力量。古典主义学者弗朗西斯·纽曼和马修·阿诺德两人就荷马作品的翻译选择上出现分歧，并且展开一场关于文化价值讨论的辩论战。弗朗西斯·纽曼坚持对荷马作品的翻译采用古语翻译方法，用古语来凸显作品的特点，但是过于老旧的语言不符合现代的主流文化，与现代的翻译理念有所不同。因此，对于这一观点，马修·阿诺德持反对意见。阿诺德认为纽曼在翻译中运用古语是拙劣的手段，他在一次演讲中，就批评了纽曼的这一做法，他认为对荷马作品这一内涵丰富的文学作品而言，必须要用华丽的语言进行翻译，也是对荷马作品的致敬行为。在这一场辩论中，阿诺德获得了胜利，可对于这一类文学作品，也不能完全通过辩论来评判究竟何种方式正确，只有经验丰富的学者才能对翻译的方式和效果进行相关评价。

人们认为对文章的翻译，无论是翻译方式还是翻译效果，都难以达到原文所带来的效果和高度，这就是当时人们主张的“精英主义”，“精英主义”这一想法就使翻译人员和翻译作用贬值，使得翻译逐渐淡出大众视野，逐渐边缘化，具体表现为翻译的作品受众人群有限，由于翻译的文章难以理解，就造成了只有小部分人才有能力比对和欣赏原文和翻译作品。此类现象在当今的美、英两国尤为常见，甚至更严重的是教师会对刚刚步入大学学习语言的学生加以劝诫，尽量不要参考翻译的文章，使得优秀的通俗文学作品数量较少，而在电影作品中也很少有带有翻译字幕。

## 第六节 当代翻译理论

对于早期的翻译作品，乔治·斯坦纳根据它们的特点进行详细分类，具体可分为14部翻译作品，14位作者。14位作者几乎代表着翻译界所有文学翻译者的类型。许多在翻译界有声望的学者都在名单里。可实际上乔治·斯坦纳根据时期进行定义的观点是狭隘的，不可取的，因此不能将其作为一定的评判标准。

其他学者也认为乔治·斯坦的观点过于片面，对于文学作品的评判不能太过于采取规章制度。到了20世纪下半叶时，学者和理论家根据翻译的类型重新定义直译和意译。

“直译与意译”之争所涉及的词汇在当今翻译著述中依然可见，以下将简要讨论两个方面的问题：一是讨论关于翻译评判标准的两个实例；二是将审视现代译者在马塞尔·普鲁斯特《追忆逝水年华》英译本中的译本序言，两个案例研究都旨在说明早期理论的观点和用词在多大程度上影响着后来的翻译著述。

### 一、评判标准

评判标准这一领域是经验丰富的语言工作者（翻译考试的阅卷人或职业翻译的审校者）与经验不足的读者（通常是参加翻译考试的人员或初级职业翻译人员）沟通对话的领域。有趣的是，这一领域一直以来使用的许多词汇都是早期翻译理论中的模糊词汇。

英国皇家特许语言家学会颁发的翻译证书是英国最为知名的初级翻译资格证书，20世纪后期，该学会《考试人员须知》中提出以下翻译评判标准：

（1）准确、充分理解原文，正确传达信息。

（2）词汇、习语、术语和语域使用恰当。

（3）译文富有连贯性和条理性。

（4）在技术层面，标点使用准确等。

以上翻译评判标准中“准确”（accuracy）一词出现了两次（第1条和第4

条标准）。“准确”在一定程度上是“忠实”（faithfulness）和“真理”（truth）在现代语言中的对应词；包括“正确传达原文信息”和“充分理解原文”两个方面，这些术语的使用受到了20世纪60年代奈达所用术语的影响。第2条标准中的“词汇使用恰当”等表明这更多的是一种以译文为标准的判断方法，第3条标准（衔接和连贯）则侧重文本和话语分析方面的特征。可见，这些标准的设立是为了制定清晰的翻译准则。

但是，在考官报告中，虽然列出了参加考试人员误译和妙译的详细实例，但报告中却处处使用早期翻译理论中模糊而有争议的词汇。例如，在涉及“假朋友”（false friend）的翻译上。然而，有意思的是“直译”也是相对的。例如，“过于字面的翻译风格”（too literal）会产生诸如“transmitting the budget to the Chamber”［将预算传输给议院］（而非“delivering the budget”［提交预算］）的译文表达，然而，用“过于”（too）和“完全”（totally）两个词来限定“直译”（literal），表明“直译”本身并不是极端的情形。“直译”用来指在词义上非常接近的翻译，只有当这一策略走向极端（当“过于”或“完全”直译）时，译语的自然程度才会受到影响。

同时期联合国教科文组织（UNESCO）的《译者指南》也使用了类似的标准，“准确”再次成为“首要要求”。其中关于翻译的目的为：译者在理解原作者“想要表达的含义”之后，将原文意思转化成英语（以英语为例），应“使英语译文留给英语读者的印象最大限度地与外语原文留给原文读者的印象相一致”。这与施莱尔马赫提出的关于文学翻译的建议非常相似，即让读者适应作者。但是教科文组织建议的合理方法并非遵循一种“陌生化”的策略，而是找到中间的方式：一方面使译文“听起来”像是翻译；另一方面又能充分展现译者的个人语言特点，令读者感觉“独具匠心”。

有关联合国教科文组织的翻译标准，还有值得特别注意的方面：在描述两种完全对立的翻译策略（一种是使译文“听起来像是翻译”；另一种是使译文充分展现译者个人的语言特点）之间的平衡时，使用了一个“走钢丝的永恒技艺”这一形象，这和德莱顿著名的比喻一笨拙的直译者像是“戴着镣铐在绳子上跳舞”很相近，因此，古老的翻译比喻在很大程度上依然存在于当代翻译著述中；联合国教科文组织的《译者指南》考虑到了母语并非目标语的读者需求，要以读者为中心的翻译策略；文本类型不同，解决方案也不相同：期刊文章的译文风格应当具备“可读性”；而政治敏感型演说要求译文“紧贴原文”，防止误解，体现不同的文本适用不同的翻译策略。

## 二、译序

从译者的序言中，可以获知大量关于早期翻译方法方面的信息。但是在月前的英文出版物中，译序越来越少见，有时译序的作用只是为了解释经典作品新译本的发行原因。马塞尔·普鲁斯特的杰作《追忆逝水年华》的英译本就是这样。这本书最初在20世纪20年代由著名的查尔斯·肯尼思·斯科特·蒙克利夫从法语译成英语，特伦斯·基尔马丁和D.J.恩赖特分别于1981年和1992年修订了该英译本，企鹅出版社于2002年出版了该书的新译本。三个版本的序言所使用的语言分别反映了三种译文产生时期的文化价值观。

在1981年译本的引言中，基尔马丁给出了他修订原译本的原因，即法语原版后来进行了修订和订正，因而需要更正原译本中的“错误和误解之处”。1981年的译本也包括基尔马丁所做的四页“翻译注释”，其中最有意思的一点是他描述修订版时使用的词汇，对作者“忠诚”和“忠实于”原文意思的理念几乎直接来源于17世纪的翻译著述，“意义”与“语气”的区分也可以追溯到形式与内容之争。译述中“语气”等笼统术语的使用同样延续了早期翻译著述的用词不准确性。

2002年，企鹅出版集团开始出版多卷版的普鲁斯特小说的新版译本，每卷都由不同的译者翻译，整个项目由剑桥大学学者克里斯托夫·普伦德加斯特担当总编。普伦德加斯特强调，这次的多卷译本是新的翻译，而非基于以前译本的修订，这次新的翻译依据的是校订后的原文（即1987年普勒阿德版），而能对原文进行校正得益于学术的进步。新版译本第一卷名为《在斯万家那边》，总编普伦德加斯特和译者莉迪亚·戴维斯各自的序言在某种程度上显露了他们对于理论问题更深入的认识。普伦德加斯特提到弗拉迪米尔·纳博科夫推荐采用直译方式，并反对基尔马丁和恩赖特的方法。

普伦德加斯特认为避免使用像“妈咪”（Mamma）这样的表达是很重要的，因为这样的表达把普鲁斯特的世界转移到了“维多利亚时代上流社会的育儿室”中。同时，他意识到也许可以在异化和顺化翻译之间进行选择，并且试图从中进行平衡，而非对早期译文进行现代化修改。同样，戴维斯也坚持，她的目的是尽可能重现普鲁斯特的风格。

综上所述，早期翻译理论的术语在今天仍广为使用。“直译”“意译”“忠诚”“忠实”“准确”“意义”“风格”和“语气”反复出现，甚至在需要更为系统的理论背景领域（例如评判标准）也是如此。上述评述大多倾向于“自然的”译文，读起来就像是用目标语原创的一样。在这些情形下，人们可以说“直译”已经衰落，同时，由马修·阿诺德提出的维多利亚精英主义风格也不再为人们接受。施莱尔马赫提议的“陌生化”策略不再受到推崇，流行的是路德所倡导的“自然的”、几近“日常”的言语风格，但是企鹅出版社新出版的普鲁斯特译本暗示了在翻译方式上可能发生的改变。

另外，英国皇家特许语言家学会的《考试人员须知》对“直译”（过于直译，完全直译）的前置修饰语表明，在过去几个世纪中，这一术语的使用历经变化，“直译”现在意为“紧贴原文的翻译”。如果译者在此基础上更进一步，就会遭到批评，人们仍然倾向于“富有想象力的”“地道的”翻译。

# 第三章　翻译理论的实践要求与常用技巧

翻译不单是语言形式的转变过程，还涉及各地域之间的文化背景和思维模式的因素，通过翻译可以实现不同国家之间语言沟通和文化交流。因此译者应对翻译理论知识有深入了解，并逐渐应用于翻译实践上，不断增加翻译实践经验，加强自己的翻译能力，在译出一篇好作品的同时，也促进各国之间的文化交流。下面将从翻译过程、译者素质和职责、常用技巧三个方面加以详述。

## 第一节　翻译的过程

### 一、文本理解

文本整体理解对整个翻译过程起决定性作用，一篇好的译文，不仅需要把握精准的立意，还应该对原文有通透的了解，使译文阅读更顺畅。文本理解阶段分为三个方面。

#### （一）原文事物的理解

各个国家、地区有不同的文化背景，所以源语中有很多涉及历史典故、知识背景等语句，有些是译者见所未见、闻所未闻的事物，甚至同样的句子在不同国家所表达含义也不相同，如果译者对这些事物了解得不够清楚，不能够详细准确阐明意思，就很难完成文章的翻译。

#### （二）语境文本的理解

语境是语言环境，指人说话时所处的状况和状态，通过对语境的分析达到更深入地了解语义的目的。语境可以分为两种：第一种是语言语境（linguistic context），包括表达、领会的前言后语和上下文等；第二种是非语言语境（non-linguistic context），非语言语境又包括情景语境（context of situation）和文化语境（context of culture）。

文章的理解要充分考虑到语言环境，分析语境对语句乃至整个篇章都能有正确理解，也能把握文章翻译的核心要义。影响语境的因素有很多，语言内部的构成要素，时代、社会、文化、历史背景的不同都会造成翻译的难度。译者在翻译之前，应对这些背景知识充分理解，注重非语言语境在翻译过程中的作用。

### （三）逻辑文本关系的理解

翻译应强调对文本内容的深层理解，注重结合上下文理解逻辑关系，防止出现因一词多义而导致的文章错译现象。例如：

**例1：** It is good for him to do that.

**译文1：** 这样做对他有好处。

**译文2：** 他这样做是件好事。

上面这句话的翻译有两种不同的理解方式，且每种方式也都是正确的，根据这种情况，译者应结合上下文选择正确的翻译。

## 二、文本表达

理解是表达的前提和基础，表达是理解的目的和结果。表达是将思维所得的成果用语言、语音、语调、表情、动作等方式反映出来的一种行为。表达的好坏直接决定翻译的优劣。译者对原文的理解是否到位，译者的文学修养、译语水平、翻译技巧、修辞手段等诸多因素决定翻译的质量。表达阶段需要译者注意以下几方面[1]。

### （一）准确表达的措辞

英语中大部分的词语意思并不固定，存在一词多义等现象，因此，在译文的措辞方面应结合上下文语境具体分析含义，选择最合适的词语实现文章的准确翻译。例如：

**例2：** He put forward some new ideas to challenge the interest of all concerned.

**原译：** 他提出许多新见解，挑战了有关人士的兴趣。

**改译：** 他提出了许多新见解，引起了有关人士的兴趣。

准确的措辞对翻译至关重要，即在符合原文语义的情况下用最贴切的词语。例句中“challenge the interest”直译成中文是“挑战兴趣”，这完全不符合汉语的逻辑，让人无法理解。因此要将“challenge”翻译成“引起”。

### （二）译文表达的衔接连贯

文章由段落构成，而段落由句子构成。语句是否连贯、通顺决定文章的整体质量。语句“衔接”的关键是连接词的使用，恰当的连接词可以使整篇文章融会贯通。在翻译时，译者要通读全文，掌握整篇文章的意思（即方向），通过使

---

[1] 肖家燕，夏锡华．新编英汉翻译教程［M］．武汉：华中师范大学出版社，2012.

用正确的衔接方式，将整篇文章准确且流畅地表达出来。例如：

**例3**：The breeze had risen steadily and was blowing strongly now. It was quiet in the harbor though.

**原译**：风渐刮渐大，此刻已经相当强劲了。港口静悄悄的。

**改译**：风势不断地加强，现在已经刮得很厉害。可是港内却很平静。

在原译中，译者对原文进行的理解翻译并没有体现出“though”的作用，其在原文中起到上下承接作用，并且还让读者明确前后两句之间是转折关系。所以在改译过程中，对原译进行语句的进一步修改，对上下句的关系做出明确的表达，并且也对原文含义做出正确解读，实现译文表达的衔接性和连贯性。

### （三）译文表达的自然流畅

文章的翻译内容应考虑目的语的表达方式，符合读者的阅读习惯，使译文的表达显得自然、通顺。所以，译者应对文章有深刻透彻的了解，做好准备工作，如此一来，完成的译文才能更加通顺。例如：

**例4**：The idea that the life cut short is unfulfilled is illogical because lives are measured by impressions they leave on the world and by their intensity and virtue.

**原译**：被削短的生命就是一事无成的观点是不合逻辑的，因为人生的价值是由它们留给世界的印象和它们的强度及美德度量的。

**改译**：“生命短暂即不圆满”，这种观点荒谬无理。生命的价值在其影响、在其勃发、在其立德于世。

上面的原译只是对原文进行直译，造成译文结构不通顺，前后衔接不连贯。改译后的语句更加符合汉语的逻辑，语句层次明显，语义明了，文笔流畅。

### （四）表达与原文文体风格的对等

译者在翻译原文时，除了注意语言使用的各种表达问题，还需要考虑译文使用的文体风格。译文中所使用的表达形式、文本体裁或创作个性等文体风格应与原文保持一致，使原文体现的韵味能够在译文中再现。例如：

**例5**：We do what we say we'll do; we show up when we say well show up; we deliver when we say we'll deliver; and we pay when we say we'll pay.

**原译**：言必信，行必果。

**改译**：我们说了做的事一定会做；我们说来就一定会来；我们说送货就一定会送货；我们说付款就一定会付款。

上面所展示的例子中，原文使用的表达方式并非是简短精练的形式，且多次对“we”重复使用，而原译所采用的文体风格并不是这样，且没有表现出原文的强调意味，经改译后，译文呈现出原文所展现的韵味。

### 三、文本审核

译者完成翻译过程之后，应对译文进行审核校对，且需要保持认真负责的态度，检查译文之中的错词和漏洞，并加以修改。当然，除检查校对上述内容之外，还需要核对译文的表达方式、文体风格以及专业术语的使用前后衔接是否连贯，逻辑是否通顺，并且对个别语句和词汇的使用进行稍加修改和润色。具体的审核过程详述如下：

第一，核对译文信息是否偏差，是否出现人名、日期以及数字等要素漏译或错译，并检查信息是否准确，单词的大小写或单复数是否使用得当。

第二，核对内容是否完整，语句或段落是否翻译完整。

第三，核对表达方式是否准确，是否符合目的语的思维模式，译文是否上下衔接连贯。

第四，核对语句之间是否有思维逻辑，译文使用的表达形式与文本风格是否与原文对等，译文能否实现语句通顺、思想一致以及两者平衡。

第五，文本审核的最后，可在对原文深入理解的基础上，对文字和语句进行修饰润色，进一步完善译文。

一篇译文的审校最起码要 2 ~ 3 遍，大致分为三个层面的审核校验。首先，对于词、句等较小的翻译单位要着重审核，这是第一遍审校；其次，检查句群、段落等大的翻译单位，对文章的用词加以修正、文字加以润色，这是第二遍审校；最后，检查译文整体是否前后矛盾，文章是否连贯通顺，这是第三遍审校。因此，前两遍的审校侧重于文章的细节，属于微观层面，第三遍的审校侧重于整体，属宏观层面。审校需要时间和精力，但是在特殊情况下要根据实际需要增加审校遍数。总之，审校阶段工作做得越认真、越仔细，译文中的错误就会越少，译文的质量就会越高。

## 第二节　译者的基本素质与职责要求

### 一、译者的基本素质

#### （一）过硬的思想作风

翻译工作者必须具备过硬的思想作风，具体来说主要应做到以下方面：

（1）要能够吃苦耐劳、耐得住寂寞。文字工作并不是体力劳动，主要是靠大脑来进行文字的转换和输出，是一个费时、复杂的过程。这种劳动对译者的要求首先是有坚定的决心和顽强的毅力。

（2）要坚持严谨踏实、一丝不苟的工作作风。翻译是非常细致的工作，小到每一个字及标点符号，大到段落和文章，必须严谨。

（3）要具有认真负责、谦虚谨慎的学风。译者也是学者，需要保持一直学习的心态。通过学习来提高自身的知识储备，才能胜任这项工作。

### （二）坚定的政治立场

当前，国与国之间政治、经济上的来往越来越密切，对外交流活动也越来越多。在全球化的大环境下，人们对翻译工作的要求也越来越高。世界各地的风俗习惯因地理位置、气候条件、文化历史等因素有较大的差异，各个国家的意识形态、政治体制与法律制度也大相径庭。

具体到实际的翻译工作，为能保证原文的思想能够被精准地表达出来，要求译者在翻译的过程中要有较高的政治素养，在立场鲜明的前提下对原文进行分析。对于涉及国际贸易、国际会议、时事新闻等涉及政治的问题时，译者需要慎之又慎。译者要坚持以国家利益第一为原则，在实际翻译工作中维护我国的国际尊严。

### （三）较强的双语驾驭功底

翻译是在准确、通顺、优美的基础上，把一种语言信息转变成另一种语言信息的行为。译者面对的是两种不同的语言，所以语言基础是否扎实对于译者尤为重要。可以从以下两个方面来考查译者对语言的驾驭能力：

（1）译者的理解能力。例如英语和汉语是两种完全不同的语言，从词汇量到语法结构有较大的差异，因此在翻译过程中会受很多因素的干扰。译者不仅要理解字面意思，更要将原文理解透彻，并根据语境掌握其中心思想。

（2）译者的表达能力。翻译要求译者将原文作者的思维观点展现在译文中，而不是将译者理解的意思表达出来。所以，除具备理解能力，翻译对译者的表达能力也有很高的要求。对于原文和译文在语言方面的差异，译者需要透彻了解。在有语音、词汇、句法、修辞和使用习惯上的差异的前提下，将原文的思想清晰流畅地表达出来。

### （四）熟练的翻译技巧

要想做好翻译工作，熟练运用各种翻译技巧和策略是非常必要的。要熟练运用翻译技巧，译者需要做如下两方面的努力[1]：

（1）系统地学习翻译理论知识。理论是实践的基础，同样翻译工作的基础是掌握系统的与翻译相关的理论知识，这也是翻译工作的前提。大部分的翻译技

---

[1] 仇桂珍，张娜．英汉翻译与英语教学［M］．成都：电子科技大学出版社，2017．

巧和策略是译者在学习理论知识的过程中的积累，所以理论知识非常重要。翻译的技巧可以大致分为三种：第一，语言层面，即如何翻译普通的词语、句子、篇章；第二，技巧层面，不同风格和功能的文本的翻译方法，如科技类、新闻类、文学类、公文类等，每一种文本的具体策略不同；第三，文化层面，常见的有归化、异化等翻译手段如何进行应用。

（2）加强理论联系实际能力。理论知识固然重要，但是翻译最主要的方法是实践，而不是理论。译者需要不断地进行实践才能提升自己的能力。实践的方法有很多，如学习名家范文等。在实践中不断总结经验，结合学习的理论知识，使翻译能力得到提升。

### （五）深厚的背景知识

翻译对译者的要求很高，除需要具备过硬的专业知识，还要有丰富的文化知识储备。译者对原文的理解是建立在自身的知识面上，只有具备足够的知识储备，才能在翻译过程中理解原文并保证译文质量。在日常生活中，译者要多了解各方面的知识，为译文作积累。

（1）练好基本功为翻译打好基础。翻译不是单一语言的活动，不同于听、说、读、写，翻译是涉及两种不同的语言，所以双语基础和双语能力很重要。基本功有两个方面：外语功底和汉语功底。从事翻译工作，外语基础是关键。在翻译之前，要先将文章的内容理解透彻，所以要有扎实的外语基础。只有这样才能保证译文的质量。汉语功底对译者也非常重要，因为译者需要将原文作者的思想表达出来。汉语基础越牢固，在翻译过程中更得心应手，译文的质量也越高。

（2）清楚原文涉及的题材知识。当遇到科技文体、法律文件、经济合同等专业性较强的文件时，作为非专业人士需要先熟悉文章所涉及的专业知识，将原文的思想完全领会，才能做好翻译工作。对于经常涉及特殊领域的译者，多学一些相关的专业基础知识尤为必要。

（3）了解中西方的文化差异。地域不同导致巨大的文化差异，如历史、地理、政治、外交、经济、风土人情、文化传统等方面有非常大的分歧。作为专业的、合格的译者，了解两国的文化是基本素养。当遇到关于文化的内容时，译者才不会因为无知而出错。文化的差异是沟通困难的一大因素，有时甚至会导致冲突。为能顺畅地交流，提升自己的翻译素质，译者需要对两个国家的文化分别进行了解。

## 二、译者的职责要求

译者的职责有以下 5 大类[1]。

---

[1] 陈斌．译者职责与翻译职业伦理［J］．海外英语，2010（7）：145 – 146.

### （一）遵守职业道德

译者建立职业道德的出发点应该是将国家和民族的利益放在首位，有崇高的理想和以传播中华优秀传统文化为己任的使命感，成为一个具有高尚情操和道德的人。

译者对翻译事业的追求和努力提高自身的翻译水平可以体现出译者所恪守的职业道德。从业务素质方面评价一个译者的翻译水平主要看他是否可以完美地解读原作，是否可以自如地运用目的语，是否有丰富的知识储备来应对所要翻译的内容，是否对翻译的技巧和规律有所掌握。翻译的内容如同学习一样永无止境。任何一个将翻译作为事业的译者要正视自己的不足之处，努力刻苦地学习，发愤图强，让中文和外文的基础素养越来越深厚，掌握不同语言的文化精华并为自己所用，使之深深地印在自己的脑海中。这样译者才能在翻译领域有所建树，才能为传播中华优秀传统文化贡献一份力量。翻译不仅是一门语言艺术，还是一门折中的艺术。译者在进行翻译时所使用的方法和策略以及自身所面临的选择不仅要考虑翻译的目的、文本的性质和社会文化产生的制约，还要考虑职业道德和目的语读者等因素。

### （二）原作的再现

翻译是用另一种语言文字代替原有的语言文字。译者要站在这个角度上尽最大努力将原文的意义表达出来。但这一原则是相对的，要先考虑原文文本的属性。

在对有效文本进行翻译的过程中，抛开其他因素，将原文意义忠实传达出来是译者最根本的职责，而译者的意义和译者所理解的意义均不是译者所要传达的意义（当译者理解的意义与原文要表达的意义一致时除外）。译者只有对原文正确、深入的解读才能将原文意义忠实的传达出来，但解读原文并非一件简单的事情。译者要对所译文本不断地进行研读，既要仔细认真，而且不能局限在文本之内，还要了解与文本相关的知识以及文本所涉及的背景。不仅如此，还要对作者有充分的了解。

通常情况下，意义在宏观或是微观上大多相对确定，译者想要忠实地传达出原文的意义，需要仔细分析和研读文本。意义有时会受到个别因素的影响变得不够确定，译者面对这种情况时不可以仅凭想象对文本做出解读，也不可以降低要求，应该更加仔细和深入的分析和研读文本，对原文意义有大体的思路，最终找到原文和作者想要表达出的意义。当然，译者在进行传译时也要将原文要表达的真实意义传达出来，这些意义既包括语言层面的意义，也包括文化层面的意义。这样才能将不同民族和不同文化之间的信息确实表达出来，加强双方的交流和理解，促进有效的沟通。

总体上，译者要对有效文本有足够的尊重，即忠实地传达出文本要表达的意义，但当译者面对有缺陷的文本时，也应该及时地纠正其出现的错误，选择一种稳妥的改法让读者有正确的认识。

### （三）完成委托要求

人们客观、深入的认识到原文和译文之间的关系是由于翻译目的论的诞生。目的论不认为翻译中唯一的、最重要的要求是“忠实”，但也不否认其存在。目的论的观点为：翻译的目的和任务才是翻译的诉求，翻译并不是要求与原文文本完全一致，而是将原文文本翻译的译本符合委托人提出的要求。委托人既可以是客户、责任编辑、出版人，也可以是译者的上司或朋友，是指发布翻译任务的人。译者在接受委托人发布的翻译任务后，委托人不仅会为其提供需要翻译的原文文本，还会具体的交代翻译的要求、目的和服务对象，并且与译者协商之后会签订合同。从委托人所交代的这些事项可以看出原文和译文之间的关系，译者也可以从中确定自己要使用的翻译策略和翻译方式等。当译者接受委托人发布的翻译任务并与之签订协议之后，需要将委托人的要求放在首位，译者在接受他人对自己的工作评价时，主要是看自己是否完成委托人的要求。

译者在翻译过程中为满足委托人提出的要求，很多时候不能使用常规或是自己惯用的方式进行翻译。很多译者会接收到一些例如产品说明、信息资料、函件或广告等特殊的翻译任务，在进行这些翻译时，译者要将委托人提出的要求放在第一位。例如翻译的方式、对待原文文本的态度、对意识形态等问题的处理方式以及对待译文服务对象的态度等，这些要以委托人的要求为准。通常情况下，成功的翻译是委托人发布的任务被译者完成，提出的要求被译者满足，而且均符合委托人所要达到的预期效果。

但还有一个最重要的前提是：委托人发布的任务和提出的要求要在译者的能力范围之内，否则译者可以拒绝该任务。

### （四）符合目的语文化规范

翻译有温度，它常会反映出译者所处的时代和目的语所体现出的社会文化。因此，目的语所体现的社会文化对译者的翻译会产生一定的影响。这些影响体现在文化万象和诗学以及目的语所展现出的意识形态。

译入国所体现的主导意识是译者在进行译介异域文化时要着重考虑的方面，译者不能在译介异域语言文化时破坏译入国的语言文化，可以删除或淡化容易产生纠纷或麻烦的内容，或者在翻译完成之后进行注解。

站在语言文化规范的角度上，异域文化被译者翻译时要注意两个方面：

其一，应该维护自身的语言文化传统，才能避免侵犯目的语语言文化；其二，要尊重源语语言文化，以免再出现欧洲殖民主义者对亚洲文化随意宰割翻译以及罗马人随意对希腊文化进行翻译的情况，要将作者表达出的异域文化忠实地传达出来。总而言之，译者所担负的道德义务并不是单向，而是双向的义务。

（五）满足目的语读者需求

英语读者看的是原作本，而汉语读者看的是译本。但汉语和英语之间的差异不仅体现在语言上，还体现在文化上。目的语读者有可能无法看懂源语读者所看的内容。因此，很多译者在翻译的过程中不仅要最大的程度传达出来异域文化，还要考虑目的语读者的接受程度以及审美情趣，这样才能不断扩大译作市场。

通常情况下，为符合目的语读者的接受程度和阅读情趣，有三种译者常使用的方式：其一，在传译原文时尽可能地使用读者喜欢、接受程度高的语言；其二，准确的处理原文中容易混淆、生涩的语言；其三，解释和说明原文中独特的语言文化现象。

译者要想满足目的语读者的需求，就要做出提高。要想成为一个好的译者，只迎合读者的需求远远不够，还应该对读者有积极、正面的影响，让读者对异域语言文化有更多的认识，使读者对原作所展现的美学价值有更加充分的了解。

总而言之，译者既要迎合读者的接受能力和阅读情趣，又要对其适当的提高，但不论是提高还是迎合，均要做到适度，还要符合时代发展的趋势。迎合不是过分妥协，提高也不是揠苗助长。

## 第三节　英汉翻译常用技巧

### 一、语篇的翻译技巧

（一）语篇的翻译

英文中的 text 或 discourse 表示语篇，它也被称为话语或篇章。当下有两种观点都对语篇进行了定义。功能派的观点是：句子可以体现出语篇，语篇作为语义单位可以体现出它和句子之间的关系。而形式结构派的观点则是句子组成了语篇，在语言单位上语篇大于句子。但不管语篇和句子之间的关系如何，句子都不能随意堆砌成为语篇。句子的意义和结构在语篇中是有关联的，它们会在相应的方式下相互联系。

1. 语篇翻译的基本分析

在翻译语篇时，首先要做的是分析语篇，先分析语篇的文本风格和类型，然后再从语篇的结构方面进行分析。在分析语篇的文本风格和类型时，要先看它是属于议论文、说明文还是记叙文等，这可以帮助译者选择合适的翻译方式，帮助译者把握好原文和译文在功能上的一致，例如译者翻译的是戏剧，它既要让人阅读，也要服务于演出。译者在选词造句时就要相应地考虑如何突出戏剧的文学性和表演性，在语言上要口语化、个性化、富有动作性等。若译者翻译的是广告，那译者的出发点就应该站在社会功能上，在保持原则的前提下，让翻译更加灵活，体现原广告的诱人之处。如果所译的是非文学文本，那么首要考虑的是准确了解委托人的翻译要求、译文的读者、译文的使用时间、地点、媒介、功能等情况下，用朴实、规范、简洁的语言准确无误地再现原文所反映或意欲反映的客观现实。

其次，搞清原文的语篇结构也至关重要。分析语篇的文本类型和文本风格是从整体上着眼，可以得到全面的印象。分析语篇结构可以帮助了解每一个细节，可以更好地理解和翻译语篇。一般认为，语篇结构具有 7 个要素，即语句粘连性或衔接（cohesion）、语义连贯性或连贯（coherence）、信息度（informativity）、接受度（acceptability）、意向性（intentionality）、语境因素（situationality）、互文性（intertexuality）。

以上这 7 个要素互相关联，缺一不可，否则就会导致交际的失败。每一个信息的发出者，都有明确的意向。为此，必须用合乎语言规则的词句表现出来。表述的内容必须是连贯和衔接的。同时这些话语还要受到语境因素的制约。语境三要素：语篇场景（field）、交际者（tenor）和语篇方式（mode）都影响着话语的实际表达。一般说来，信息度越高的语篇接受度就越低。信息度越低的语篇接受度就越高。“互文性”（intertexuality）是指文本与语篇之间的关系，一篇文章本身前后的照应，不同的文章之间的某个意象的互相借鉴，典故的引用等都是互文性所包含的内容。

2. 语篇翻译的总体分析

译者必须在完成上述一系列基本分析之后，再着手进行语篇的翻译。将句子作为翻译单位是传统翻译的理论，但这样做的劣势是重视句子而忽略篇章，无法实现功能上的对等。站在语篇语言学的立场上，重构目的语是翻译的本质，将语篇作为翻译的统辖单位，从整体看这些语言片段应是独立的、不可分割的，并且可以进行单独处理。因此在翻译过程中要尽量保证译文结构与原文结构相同，在篇章层次上使译文与原文实现功能上的对等。在翻译时将篇章作为分析单位，这样译者才能对原文的形、意、神有更加全面地掌握，这样才能让译文在整体上产生良好的效果，将大单位和高层次用小单位、低层次进行服务，实现词到句再到段，最后到篇。

有时见到一些译文每个句子、每个词汇的翻译都非常正确，语法也无可挑剔，但是整个译文读起来感觉不流畅，中心不突出或者条理不清，逻辑混乱等。这就是由于在翻译中没有把语篇作为统辖单位所致。

3. 语篇的对比翻译

英汉语篇在结构方面不尽相同，语篇研究者在对比英汉语篇的基础上，总结了英汉语篇的一些主要差异。

（1）主语显著语言与主题显著语言。英语的语篇是以主语间的连接构成语篇，属于主语显著语言（subject-prominent），而汉语的语篇是以话语间的推进构成语篇，属于主题显著语言（topic-prominent）。英语主语是一句之魂，是确定句子结构、选择词语搭配的决定因素。汉语只需突出主题，句式不受拘束，篇章组织上有较大自由。英文语篇的翻译实例如下：

**例 1：** ① My father had particularly large hands. ② Oil often was pounded into his palms, his fingers, filling every crease and fold. ③ Buddy, as he was called, would scrub with soap, but the oil wouldn't give. ④ His hands were covered with scars, healing cuts, freshly blackened nails. ⑤ The cut were of the sort and size that would send me, most likely you as well, the emergency room for stitches.

**译文：** ① 大家都称父亲为大哥。② 父亲的一双大手，大得出奇，常常沾满了机油，甚至连掌纹、指甲缝里都是。③ 父亲总是用肥皂使劲地搓洗双手，可是机油却不容易洗掉。④ 父亲的手伤痕累累，旧疤没掉，又添新伤，还有青紫的指甲。⑤ 有时，父亲的手伤得很重，伤口大得吓人，要是换了我或者别人，肯定跑到急诊室去缝针了，可父亲从来都没往心里去。

比较英文原文和汉语译文，可以发现译者把句子顺序和语篇结构做了调整，原文中第三句中的插入语被移至译文的第一句。原文中的第一句被译成了名词短语，充当了第二句的话题（主语），和原文中的第二句合并为译文中的第二句。原文中的第五句是一个定语从句，在译文中，译者将之处理为短句。这几个地方的处理，使得汉语译文始终将“父亲”作为主体来描述，贯穿整个语篇，读来顺口流畅，符合汉语语篇的行文特征。

（2）显性标志连接与无显性标志连接。功能词在英语语篇中起到显性标志连接的作用，它属于形合语言，但它在汉语语篇中则表示无显性连接，属于意合语言，句子和句子、段和段之间的连接依靠意义，也就是意合暗连。句子结构也经常不齐全，但形散而神不散。

比较这段英文和中文语篇，可以明显地看出英语和汉语形合和意合的差异。英文中使用了 6 个功能词 when、when、Now、and、and、and 来粘连句子，而这些功能词在汉语译文中都没有出现，但它们的缺席，一点都没有影响汉语语篇的内容和连贯❶。

**例 2：** The message that comes through over and over is that although there are times in any life when things seem to be proceeding step by logical step, the whole is mostly random and askew. Life, as every biography and obit I have ever read confirms, is what happens when you are making other plans.

——My Secret Predawn Rite, Suzanne B. Levine

**译文：** 反复阅读讣告得到的感悟是，虽然有时人一生的发展一步接一步符合逻辑，但总体来说，人生却让你无法预料。每一本传记，每一则讣告都毫无例外地印证，人生就是在你制定计划时意外发生的事情。

——《拂晓前的秘密仪式》，苏珊拉 · B · 莱文

这一例中，英文原文语篇中出现了 5 个功能词（引导定语的功能词 that、引导宾语从句的 that、引导时间状语的 when、引导状语的 as、引导表语从句的 what），在中文译文语篇中统统销声匿迹，虽然没有这些功能词的出现，但是中文语篇仍然行文流畅，自然成篇。

（3）重心在段首与重心在段末。由于中国人和西方人思维模式不一样，造成英语和汉语语篇的重心差异。西方人重逻辑推理，重演绎；而中国人喜欢先铺陈后总结，重归纳。这两种思维模式在语篇的构建上表现为，英文语篇重心在段首，开宗明义，重点突出；而汉语语篇重心在段末，前因后果，先陈后总。

**例 3：** September is more than a month, really; it is a season, and achievement in itself. It begins with August's leftovers and it ends with October's preparations, but along the way it achieves special satisfactions. After summer's heat and haste, the year consolidates itself. Deliberate September—in its own time and tempo—begins to sum up another summer.

**译文：** 九月不仅是一个月份，它还是一个季节，是一份成就。始于八月末，终于十月初，九月是收获的季节。经历过夏日的炎热和匆忙，这一年平静下来。九月到了，为又一个夏天画上了句号。

这篇英文语篇开宗明义，首先用主题句 September is more than a month; it is a season, and achievement. 开头，然后在后面的篇幅里陈述理由。

为了使译文既保留原文意义又通顺流畅，在翻译时，译者要根据汉语的实际情况做相应的调整，有时需要舍弃英语的结构形式而按汉语的结构形式加以重构。

**例 4：** In his work, my father held to a clear, high color key, concentrating on

❶ 戴光荣．英汉语篇语音衔接对比分析［J］．福建工程学院学报，2006，4（2）：216－219.

spring and autumn landscapes when the country was most colorful, devoting the rest of his time to portraiture an teaching.

**译文：**父亲的作品保持着纯净清莹的风格。春秋两季乡间色彩最艳丽的时候，他就专画风景，其余时间则画人像、教书。

这段汉语译文中，把原来的一个主语 my father 变成了两个："父亲的作品"和"他"，突出主题，符合汉语的习惯。

### （二）语篇习语的翻译

英语中存在大量的习语。习语是由固定的词组或句子构成的固定的语言模块（linguistic chunks），语义统一，结构固定，不能任意更改。习语是从口语和书面语中提炼出来的语言精华，有短语、短句、单字，还包括谚语、俚语、俗语、惯用语、歇后语。它们生动形象，言简意赅，为人们所广泛使用。习语是历史文化的积淀，能清晰地反映英语民族的语言特色和文化特征。

在英语习语的汉译中，翻译者要针对具体的习语灵活运用不同的翻译技巧。有的要直译，有的要意译，有的要直译加释义。对于那些具有鲜明的英语民族特色和文化信息的习语，翻译者要熟悉它的文化现象，在汉语中要完整地反映它的意象、比喻、修辞，从而使英语习语不失其应有的色彩。

直译法是指在翻译中按照字面翻译，既保留英文习语的内容，又保留英文习语的形式，包括英文习语的修辞手段和基本结构，从而创作出形神兼备、原汁原味、具有异国情调的译文。直译法适用于翻译英文习语中那些为汉语读者所熟悉的语言和文化成分，也适用于那些尽管陌生却易为汉语读者所接受的英语语言成分和英语文化成分。

直译加释义法是指在翻译英语习语时，先翻译出它的字面意义，再加注解释其比喻意义。

意译法是指在翻译习语时不按照字面翻译，而是用汉语读者所习惯的表达法、意象、喻体翻译英文习语中那些英语中独有的喻体、意象和表达方式，从而使汉语读者理解其内涵。

1. 直译法翻译

英语中很多习语的内涵、表达方式、喻体、意象等与汉语的表达方式、表现手段、修辞运用等几乎对等。这种对等被称为语言共核或者语言重合现象。对于这些习语可以直译它们的字面意义。比如：

knit one's brow 皱眉头

last but not least 最后但不是最不重要的一点

golden age 黄金时代

tread on thin ice 如履薄冰

直译法能反映英语习语的原貌、形象、特色和风格，在不引起费解和误解的时候，可以大胆使用。

2. 直译加释义翻译

在英语中还有一些习语，它们使用历史典故，含有独特的喻体，富含英语文化特色，对于这些英语习语，一部分可以使用直译加注法，一部分要使用意译法。比如：

bull market 牛市，旺市（行情看涨的市场）

bear market 熊市（价格普遍下跌的市场）

Trojan horse 特洛伊木马（比喻暗藏的危险）

tower of ivory 象牙塔（比喻世外桃源）

Sphinx's riddle 斯芬克斯之谜（比喻难解之谜）

as wise as Solomon 像所罗门一样聪明（比喻非常富有智慧）

new wine in old bottle 旧瓶装新酒（比喻旧形式不能适应新的内容）

crocodile tears 鳄鱼的眼泪（假慈悲）

an olive branch 橄榄枝（和平的象征）

meet one's Waterloo 遭遇滑铁卢（比喻惨败）

Achilles heel 阿喀琉斯的后跟（致命的弱点）

以上英文习语翻译成汉语时，采用的是直译加释义法，事实上很多翻译者在翻译这些习语时直接采用直译法，不加注释。因为这些习语中的典故、意象和喻体已经为汉语读者接受和熟悉，有没有释义不影响理解。以上这类词语、习语中很大一部分已经成为汉语的一部分。

3. 意译法翻译

对于英语中有一些习语，由于文化背景的缘故，汉语读者从字面上很难理解其意义，这时要采用意译。比如：

in a pig's whisper 低声地；顷刻间

draw blood 伤人感情；惹人生气

hang on sb's lips 对某人言听计从

hang on sb's sleeve 依赖某人；任某人做主

a skeleton at the feast 扫兴的人或东西

be full of beans 精神旺盛；精力充沛

英文中还有一些习语，使用的喻体与中文完全不一样，如果按照字面翻译，汉语读者较难理解。所以在翻译时，多采用意译，将原文的喻体更换成汉语读者所熟悉的喻体，从而表达出原文的意义和精神。比如 as timid as a hare 这个习语，英语文化中人们用兔子来做喻体，比喻胆小，如兔子一样见人就跑，没有胆量和勇气；在汉语中，也有类似的说法。类似的英语习语的翻译还有很多，比如：

be as poor as Job 家徒四壁

show the cloven hoof 露出马脚

like mushroom 雨后春笋

mute as a fish 噤若寒蝉

the touch of Midas 点金术

call a spade a spade 直言不讳

汉语中习语的最大特点是四字格词语数量较大，在英语习语的翻译中：可以使用四字词语。另外随着说汉语的读者对英语文化了解的加深，翻译者越会倾向使用直译来翻译英语习语。如上所提到的，很多直译过来的英语习语已经成为汉语不可分割的一部分。直译可以丰富汉语的表达，也可以保留原文的意境、形象、喻体，对汉语读者来说是异域文化的体验，可以加深对异域文化的理解。但是要注意使用直译时不能引起误解和费解，根据不同的读者和受众，在英语习语的翻译中，要灵活运用不同的翻译策略。

## 二、词汇的翻译技巧

语言最基本的单位是词汇。任何语言中的字、词叫作词汇，但是词汇又不单单指这些，比如术语、方言、使用域等语言变体中的短语或者词都包含在词汇里。词汇的语言不仅有固定形式，也包含了某种意义，它是语法、语音、意义特点的统一体。因此，在汉语中除了汉字以外，词、成语、俗语都是词汇；而英语中的短语（phrase）和习语（idiom）也是词汇。

### （一）词语的翻译

以译作接受者作为译者的角度出发，基于原著作蕴藏的精神与意义，不仅仅流于机械的形式。处于不同的语言类别，词语的语义域也不完全一样，所以当译者翻译原作时会从目的语出发增加选择的准确性，上下文是否等同是其主要考虑范围，规定译作与原则每一句都相对应也是不应该的。为了让原作内容被译作读者更全面地了解，译者在翻译过程中，要将词义模糊的词语、发音不规则容易误解的词语、双关语、书面形式高雅但是发音不高雅的词语去除，以实现译作的简单易懂。

人类语言用词的共性多于差异，在人类经验和表达方式中，都存在一种“共核”（common core）。as white as snow 是英语中一个常用习语，但在从来没有雪的地方，直译成“白如雪”就会造成“零位信息”（zero message）。在这种情况下，可以把它译成译语文化可以理解的词语，如：“白如霜”“白如白鹭”或者甚至“白如蘑菇”。如果译语文化没有形容“白”的词语，也可以译为“很白”或者“非常白”。因此，spring up like mushrooms 汉译时可用“雨后春笋”代替；as mute as a nsh 可以译成“寂静无声”“鸦雀无声”或者“噤若寒蝉”。词汇翻译的基本方法有：直译法（literal translation）、意译法（liberal translation）和音译法（transliteration）。

1. “直译法”和“意译法”

在基于原文的社会文化不被改变的基础上，对原文的词语意义进行保留，得到形式符合内容的方法，叫作直译法。在词语的翻译中，如果原文词语本身不仅具有确切的含义，而且译语具有力量，直译法就是首当其冲的翻译方法，如：

generation gap 代沟

black box 黑匣子

horse power 马力

sister city 姐妹城市

poverty line 贫困线

moonwalk 月球漫步

dumbbell 哑铃

hot-bed 温床

supermarket 超市

concept car 概念车

在翻译实践中，很多国家特有词汇的翻译往往使用直译。这类译词往往开始会使人费解，但一段时间以后，它们会成为通用词汇。英语中有很多词汇是这样从汉语中翻译过去的，例如：lunar calendar（阴历），spring roll（春卷），rice noodle（米粉）等❶。

然而，不是所有的词汇都可以直译的。一旦直译词的意思不够明确或者原文词语最开始的意思和目的语中对应的词语意思差距较大、不方便流通时，最合适的翻译方法是意译法。当译者在翻译的过程中受到不同社会文化的局限时，就必须放弃原文的表面意思，以便于实现原文与译文内容相对应且又与语言功能较类似的方法。例如：American beauty 的意思不是“美国美女”，反而是“四季开花的红蔷薇”；British warm 的意思不是“英国的温暖”，反而是“双排纽扣的大衣”；China town 的意思不是“中国城镇”，而是“唐人街”。类似的还有以下词汇：

contact lenses 隐形眼镜

English disease 软骨病

Spanish castle 空中楼阁

❶ 赵泽凡．英语翻译中直译和意译新探［J］．青春岁月，2019（7）：46.

German shepherd 牧羊狗

black coffee 不加牛奶（或奶油）的咖啡

dry goods 纺织品

white night 不眠之夜

bedclothes 床上用品

China rose 月季花

China（or Chinese）ink 墨汁

每一种语言都有它独特的成语和俗语。对于这些习惯语的理解感到有困难的一般是学习外语的人。这主要是由于人们理解这些词语时通常会直接采用字面意思，有时不免产生一些笑话。例如 foot the bill 的意思，不是“把账单踩在脚底下”，反而是“付账”。在美国，有两个与饮食相关的俚语：greasy spoon 和 potluck。

Honey，let me take you out to dinner. But you know I don't feel like dressing up to go someplace fancy. How about just going down the street to the greasy spoon and getting hamburgers.

I've been so busy lately. Last week I went to a greasy spoon with a friend and this Sunday I've got to go a potluck.

greasy spoon 不难理解，是指“价廉物美的小饭馆”。Potluck 一般用来表示美国的一种常见聚会形式。大概是在某个人或某些人的建议之下，大家举办午餐会或者晚餐会，参加聚会的任何人都被要求携带一种食物，要么是菜，要么是甜点。另外，主人不仅要为聚会提供场景，还要备好菜或者水、饮料等。这就是 potluck supper 或者 potluck lunch，通过想象可以得知，举办聚会时，参会人员可以吃到各种各样的食物。因此，potluck 可以翻译为“拼菜聚会”。

Doggy bag 的出现一点也不简单，它有复杂、特殊的背景。美国人在以前并不会把剩下的食物带回家里，因为害怕面子上过不去。因此他们会对服务员说：“Waiter，could you please wrap up the rest of this steak for me? I'd like to take it home for my dog.”即打包的东西带回家自己吃，但是 doggy bag 这个词语，逐渐成为日常生活用语。现代美国，打包没吃完的菜回家，已经成为一件司空见惯的事情。

英语中有些俗语源于形象的描述❶。试分析下面例句中的 sunny side up 和 over easy。

M：“Miss，I'd like two fried eggs sunny side up and the sausage on the side.”

F：“Not me. I don't like to see my eggs staring up at me with big yellow

❶ 谢丹，滕丹丹. 浅析翻译中的直译与意译［J］. 文渊（高中版），2018，3（11）：75－76.

eyes. Miss，two fried eggs，over easy and not fried too hard."

从上面两个例句可以看出，sunny side up 的意思是"煎鸡蛋时只煎一面"；over easy 是"煎鸡蛋时两面都煎一下"。在英语中，这些俗语只能意译，不可直译。

2. 基于"音译法"专有名词翻译

音译法是根据源语语音进行翻译的方法。一般情况下，专有名词往往采用音译法或者音译结合的其他方法来翻译。现代汉语中有些词汇是从英语中音译过来的，如：

chocolate 巧克力

guitar 吉他

pizza 比萨

shock 休克

party 派对

jacket 夹克

talk show 脱口秀

brandy 白兰地

disco 迪斯科

mosaic 马赛克

cartoon 卡通

Olympic 奥林匹克

中西文化经过深入交流，在国外语言中逐渐渗入了汉语的意思，汉语成为特殊的借词。该类借词即使中国文化得到宣传，又让词汇得以丰富，大大推进了民族文化之间的相互交融。下面这些词汇就是从汉语中音译借走的：

typhoon 台风

ping pong 乒乓球

mahjong 麻将

taichi 太极拳

kung-fu 功夫

mao-tai 茅台

有的时候，在保留原文发音的基础上，使译文赋予一定的内涵含义，这就是音译中的"谐音寓意"。天津市"狗不理"集团有限公司在 2007 年向全国征集新译名，希望更改原音译名 GOU BU LI。一名外籍教师的应征译文 Go Believe 被选中，因此，Go Believe 成为"狗不理"的新译名，新译名既传声，又传神。类似的谐音寓意词语翻译很多，下面是一些例子：

Coca cola 可口可乐

vitamin 维生素
soda 苏打水
sauna 桑拿浴
Internet 因特网（互联网）
cookie 曲奇饼

### （二）人名的翻译

不同的语言文化之间存在一定差异性，因此其姓名也不相同。首先，汉语和英语之间名字的不同在姓与名的顺序上有所反映。中文人名由姓和名组成，姓在前，而名在后。而英语人名一般由名和姓构成，名（first name）在前，姓（last name）在后，有时在名和姓中间还有一个“中名”（middle name）；其次，中国人取名不仅要声音优美，还要蕴含美好的寓意。而英语姓名追求大众化和亲切感。

像人名之类的专有名词，翻译时通常会采用音译方法。但为了迎合汉语的姓名特点，翻译英文人名时应根据性别选择不同的汉字。翻译女名时，可选择“女字旁”“斜玉旁”“草字头”和“雨字头”的汉字，男名则尽量避用。因此，女名中常出现一些“娜”“妮”“娅”“娃”“玛”“琳”“珍”“珊”“莉”“蒂”“莎”“露”等汉字，男名则用“纳”“尼”“亚”“瓦”“马”“林”“杰”“山”“理”“沙”和“尔”等常用字。

翻译完整英文人名时，通用方法是名和姓的顺序不变，中间加隔字符。若原名中有英文字母，可直接出现在译文中。如：John F. Kennedy（约翰·F·肯尼迪），F. R. Leavis（F·R·利维斯），J. Edgar Hoover（J·埃德加·胡佛）。同样，汉语人名英译时，也不改变姓名顺序。姓氏“何”和“贺”的英文由汉语拼音He改为了Ho，以免与英语单词he混淆。姓氏“王”和“汪”则采用了音译Wong。

### （三）数字与倍数的翻译

英汉数字具有一定的共性，也存在差异。它们主要的共性在于英汉数字都有实与虚之分，即真实数字和模糊数字。差异性主要体现在计数单位不同，表达方式也不一样。因此，数字的直译只能局限于真实数字而言，富有文化内涵的模糊数字则不可直译。例如：

I'll love you three scores and ten.

在英语中，score表示“二十”的意思，three scores and ten的字面意思是“70”。如采用直译法，该句子的意思为：我会爱你七十年。相当显然，这与原句要表达的意思有差别。实际上，上句中的three scores and ten的字面意思被其使用的修辞意义所掩盖。正确的翻译是这样的：我爱你一生一世。由此可知，翻译数字时，不应该仅仅参考数字的数值。必须参考周围的语言环境，仔细琢磨原文的修辞，选择合适的词语，让翻译后的译文有一种语句流畅之美，翻译忠于原文的作品。

1. 数字的翻译

汉语表达数字的方式与英语不同。汉语用“十”的倍数表示，比如个、十、百、千、万、十万、百万、千万、亿、十亿……，现代汉语中计数的最大单位便是“亿”。英语一般用“千”（thousand）的倍数表达数字，一旦数字过千，就采用该种方式，例如“一万”是“十千”，即 ten thousand；“十万”是“百千”，即 hundred thousand，直至“百万”million。如果数量达到了百万以上，就用“百万”的倍数表达，例如“千万”是“十百万”，即 ten million，“亿”是“百百万”，即 hundred million，直至“十亿”（billion）。如此类推，英语中最大的计数单位是 trillion（万亿）。真实数字翻译的难点在于计数单位的转换，汉语中“万”和“十万”要变成英语中“十千（ten thousand）”，“百千（hundred thousand）”，反之亦然。下面是一些译例：

36. 5 thousand　36500

459. 2 million　4 亿 5920 万

1. 29 billion　12 亿 9000 万

21. 6 billion　216 亿

12. 5 trillion　12. 5 万亿

以上的数字翻译指的是真实数字的翻译，广泛用于新闻、科技、测量和日常生活等领域。与其相对应的是模糊数字，往往出现在文学和习惯表达中。这类数字的翻译既不可直译，又不可凭空想象地意译。

**例 5**：The villagers came by twos and threes to see the working team, some to seek advice, and some to get news.

**译文**：村上的人三三两两去看工作队，有的去咨询，有的去打探消息。

**例 6**：After school, the students go home in threes and fours.

**译文**：放学后，学生们三五成群地回家了。

上述例子中均有数字的复数形式，在英语中，数字复数在不同的语言环境下表达不同的含义。twos and threes 可理解为“三三两两，零零星星”之意，同样结构的 threes and fours 在汉语中没有“三三四四”或“四四三三”的对应表达，而与“三五成群”的意思相近。然而，at sixes and sevens 在不同语境中有不同的含义。例如：

**例 7**：The chairman was at sixes and sevens over the issue of cutting cost.

**译文**：在减省开支的问题上，主席的内心七上八下，拿不定主意。

**例 8**：Things are happening so fast that she's at sixes and sevens ahotit what to do next.

**译文**：事情发生得如此之快，她感到心烦意乱，不知下一步如何是好。

**例 9**：Returning from their holiday，they were surprised to find their house at sixes and sevens.

**译文**：度假归来，他们吃惊地发现房子里乱七八糟的。

此外，英语中的 one 不一定总是表达“1”的意思。例如：

**例 10**：We have a hundred and one things to think of before we can decide.

**译文**：在我们决定前，我们有一大堆事情待考虑。

**例 11**：We must repeat a thousand and one times that perseverance is the only road to success.

**译文**：咱们必须千百次地讲，毅力是成功的唯一之道。

**例 12**：Ten to one he was lightheaded at the time.

**译文**：十有八九，他当时已神志恍惚。

例 10 和例 11 中的 one 是模糊数字，a hundred and one 表达“许多，一大堆”的意思，a thousand and one 是“许许多多，无数”的意思。而例 12 中的 one 是个真实数字，ten to one 有“十比一的概率”之意，与汉语中“十有八九”意义相近。有趣的是，尽管英语和汉语中模糊数字并不对应，但是很多包含数字的英文习语也能在汉语中找到意义相近的数字表达式：

fifty fifty 五五平分

in/of two minds 三心二意

on second thoughts 再三考虑

A drop in the ocean 沧海一粟

2. 倍数的翻译

在科技领域和日常生活中，常出现大量倍数增减的语言现象。如何正确理解与翻译英语倍数是个重要问题，译文要求准确性高，多一倍或少一倍，将可能铸成大错，造成很大的损失。英语中倍数最基本的表达方式有四种：（1）…times as…as…；（2）…times the + 名词 + of…；（3）…times + 比较级 + than…；（4）… + 比较级 + than…by…times。

例句：

**例 13**：His house is three times as large as mine.

**例 14**：His house is three times the size of mine.

**例 15**：His house is three times larger than mine.

**例 16**：His house is larger than mine by three times.

显然，上面的四个例句和基本的表达式相吻合，它们看起来很相似。但是，目前国内学者对它们该如何翻译有争议。争议可能来源于比较级和原级的使用有区别，上面的四个例句中，例 13 和例 14 没有歧义，表达的意思都是“他房子的面积是我房子面积的三倍”，翻译起来也很简单。然而，例 15 和例 16 会有观点，有人认为意思和前两句一样，也有人会理解为“他房子的面积是我房子面积的四倍”。因此，在这两种认识的指导下，类似的句子就出现了以下 4 种不同的翻译：

**译文①**：他的房子是我的三倍。

**译文②**：他的房子比我的大两倍。

**译文③**：他的房子是我的四倍。

**译文④**：他的房子比我的大三倍。

译文①和②意思一致，③和④相吻合。“…times as…as…”与“…times + 比较级 + than…”两种句型是等值的，换言之，译文①和②是可取的，③和④是误解。在国内相关研究中，在“…n times + 形容词（或副词）比较级 + than…”句型中，n 表示净增 n 倍。在当代英语里，A is… times larger than B 与 A is…times as large as B 在意义上是完全一样的。

**例 17**：According to Maxwell's equations of electromagnetism, as a magnetized object shrinks by a factor of two, its magnetic field strengthens by a factor of four.

**译文**：根据麦克斯韦的电磁方程式，当一个磁化的物体缩小为原来的二分之一时，它的磁场强度就变成原来的四倍。

**例 18**：This technical innovation will raise the output value by factor of 3.

**译文**：这项技术创新将把产值提高到原来的三倍。

**例 19**：By using this new process the loss of heat energy was reduced by a factor of 3.

**译文**：使用这项新工艺，热能损耗降为原来的 1/3。

综上所述，英语数字和倍数的翻译应采取慎重态度，仔细了解材料背景，挖掘数字内涵，避免歧义表达，确保译文忠实。

## 三、句法的翻译技巧

句子（sentence）是人们日常交流中的基本语言单位，其语法层次比词语更高。句子存在一定的独立性，相比于词语，句子表达的含义更加完整，通过一个句子能够实现简单的交流和沟通。在翻译中句子同样是较为重要的翻译单元。

### （一）句式中的时态翻译

各种语言在时态方面会存在很大的差异，有些语言时态变化相当丰富，而有些语言却没有特别多的时态变化，甚至有些语言根本不存在时态变化，英语便是一种具有丰富时态变化的语言。在英语中存在体和时态的概念，通过动词谓语的形式完成体与时态的改变，各种形态的动词谓语具有非常严格的且具有强制性的使用规则。英语中体与时态能够结合成各种表达式，其数量高达16种，借助这些固定的表达式或语法能够更精细、更生动、更准确地把动作的状况和行进状态描述出来。在汉语中，一般通过“一直”“曾”“正在”“过”“了”“着”等字或词语表达过去时、完成时或进行时，除此以外便没有更多的和英语中体或时态对应的表达过去时、完成时或进行时的方式了。在汉语的句子里，即使不使用表示体与时态的助词，也能够把体和时态的意义表现出来。因此，英译汉时，可以借助汉语前置的时态副词（将要、曾经、已经、正在、就）、后置的时态语气词（了、来着）或附着的时态助词（着、了、过、起来）来表达英语的时态和体的概念。例如：

**例20**：Mrs Fang has been just here，and she told me all about it.

**译文**：方太太刚才来过，她把这事的前前后后都告诉我了。

**例21**：I was and still am working as an teacher in the school.

**译文**：我过去是，现在依然是这所学校的老师。

**例22**：“What was I talking of?” said she，beginning again when they were all in the street.

**译文**：“我刚才说什么来着?”等大伙来到了街上，她又说起来了。

**例23**：He came to his office.

**译文**：他来过办公室。

1. 句式现在时的翻译

英语句式的现在时一般表示频率、习惯等概念，译成汉语时常用“经常”“通常”“每天”等表示。

**例24**：She often pays close attention to nuance and shading and her rhetoric rarely varies.

**译文**：她常常聚精会神地斟词酌句，言谈如出一辙。

在英语中，近期必然发生的事情、对将来的叙述、对真理的说明、对过去的表示或对历史事件的描述一般也能使用一般现在时，译成汉语时通常不用任何副词或语气词表示其相关概念，而是直接译为汉语句子。

**例25**：Water boils at 100℃.

**译文**：水的沸点是100摄氏度。

英语句式中的现在完成时能够通过分析句子中的动作对现在是否具有影响以及句子是否处于现在时环境来判断，这一般借助“一直”等词语以及“过”“了”“已”“曾”等动态助词表达。

2. 句式过去时的翻译

英语句式过去时态译为汉语时，常借助于词汇手段“过去”“以前”“了”“过”等词语表达其含义。例如：

**例 26**：He always had a chat with his family after dinner when there was no TV set.

**译文**：从前没有电视，他总是在晚饭后和家人聊天。

英语句式的过去完成进行体，译成汉语时常借助“一直都”“着”或“正在”等词表示一个动作发生时，另一个动作的状态。

**例 27**：The girl had been calling “Susie” before she was rescued.

**译文**：小姑娘被救时，嘴里一直喊着“苏西”这个名字。

英语句式中的过去将来时，译成汉语时常用“要”“准备”“将”等词语来表达一个动作发生在另一个动作之后。

**例 28**：I entered the meeting hall when the chairman was going to give a speech.

**译文**：我到达会议厅时，主持人正要讲话。

3. 句式将来时的翻译

英语中的将来时态，译成汉语时常用“会”“就”“将”“要”“马上”“以后”等词语表达❶。

**例 29**：Look at the wonderful setting sun. It will be fine tomorrow.

**译文**：看那灿烂的落日，明天会是好天气。

在某些英语句子中，shall、will 等将来时常常伴随着较强的意愿、意志，译成汉语时则应借助“可以吗?”“应该……?”“要……吗?”等词语表达其非时态的概念。

**例 30**：Shall he come with me?

**译文**：我可以带他来吗?

英语句式中的“to be”“to do…”这种形式常表示计划、安排等意义，英译汉时则宜译为“要……”“打算……”。

**例 31**：He was to go on a tour round Tibet with us last month，but he changed his mind.

**译文**：他本来要在上月跟我们一起去西藏观光的，但是他改变了主意。

在对时态标准不明显的句子进行翻译时，可以通过分析上下文判断动作顺序、确定时态。

英语句式中的时态和体态在汉译时，由于汉语没有这类的曲折变化，需要通过一些副词、语气词等来表达时和体的概念。而相对于篇章翻译而言，有时单个英语句子的时和体在译文中不需要明显标识，可通过上下文来理解其概念，如果生硬添加所谓对应的汉语词语来表示英语时和体的话，反而有画蛇添足之嫌。

---

❶ 李智．当代翻译美学原理［M］．北京：知识产权出版社，2013．

## （二）句子中的成分翻译

### 1. 句子主语的转译

英语和汉语具有不同的表达方式，在翻译时想让译文的表达更加通顺、重点更加突出、逻辑更加清晰准确，需要进行句子成分的转化和处理。在翻译时，如果把英语句了中的主语直接用作汉语句子中的土语，就会造成译义表达不通顺。在翻译中，句子成分处理是一种较为常用，且形式、内容丰富的技巧。英语能够转译成定语、状语、宾语和谓语等各种成分。

（1）主语转译为谓语。在英语原文中，如果主语由名词充当且具有动作意义，在译文中更加适合作为谓语动词使用，那么就可以在翻译时将其转译为谓语。

**例32**：In recent years increasing attention had been paid to the economic benefit in the production of our company.

**译文**：近年来，我公司越来越注重经济效益。

可见，当英语句子中的主语是含有动作意味的名词或动词派生的名词词组时，句子的主语可译为谓语。

（2）主语转译为状语。在英语句子中，如果主语为表示动作意义且说明动作场所、时间、条件、原因的名词或动名词，那么在译文中可以转译为状语从句或状语，并把英语句子中主语后面的宾语代词或名词转译为主语。

**例33**：Pressure of work has somewhat delayed my answer.

**译文**：由于工作很忙，回复稍迟了些。

**例34**：The mere sight of it turned his mind.

**译文**：只看它一眼，他就动了心。

**例35**：The world has witnessed different roads to modernization.

**译文**：世界上已有了不同的现代化道路。

（3）主语转译为宾语。在英汉翻译中，主语、宾语转换的情况有三种：① 被动句式，被动句式中谓语动词的行为对象为主语；②“there be”句型；③ 主语具有推论结果或结论含义且连系动词作谓语时。

**例36**：When power is spoken of, time is taken into account.

**译文**：说到功率时，总是把时间计算在内。

**例37**：Mr. Smith cannot be deterred from his plan.

**译文**：（人们）不能阻止史密斯先生实行他的计划。

**例38**：Much progress has been made in telecommunication technology in the last 10 years.

**译文**：电信技术在近10年内取得了很大的进步。

(4) 主语转译为定语。有时，在翻译中把主语转换成定语更加符合目的语的语言习惯，译文也能够更加通顺、合理，在英语句子向汉语句子翻译中时常会用到这种转换。

**例 39**：He has a different opinion from others.

**译文**：他的观点与众不同。

2. 句子谓语的转译

(1) 谓语转译为主语。在英译汉过程中，有时为了更加符合汉语的语言表达习惯，会把英语句子里的谓语动词转译为主语成分。

**例 40**：Neutrons act differently from protons.

**译文**：中子的作用不同于质子。

(2) 谓语转译为定语。

**例 41**：Radar works in very much the same way as the flashlight.

**译文**：雷达工作的原理跟闪电几乎是一样的。

3. 句子宾语的转译

和主语、谓语一样，在英译汉中，英文句子里的定语也具有较为灵活的翻译方式，可以转译为主语、谓语等。

(1) 宾语转译为主语。在英语句子里，有时会通过宾语成分表达主体的行为，在翻译中可以把这种宾语转译为主语。

**例 42**：An aut + omobile must have a brake with high efficiency.

**译文**：汽车的刹车必须高度有效。

(2) 宾语转译为谓语。很多英语句子里的宾语由名词、动词加名词词组或动名词充当，在英汉翻译中，如果仍然把这些词翻译做宾语，将很难保持译文通顺、合理，并且不符合汉语的语言表达习惯，因此不能把英语句子中这些宾语成分的词或词组强行处理成汉语句子里的宾语，必要时应进行适当的宾语谓语转译。

**例 43**：Before graduation we should make full use of the time left to arm ourselves with more knowledge.

**译文**：在毕业前，我们应当充分利用剩下的时间，用更多的知识来武装自己。

4. 句子状语的转译

在英语中有各种形式、各种作用的状语，状语出现的频率很高，在进行英汉翻译时要对其进行适当的转译处理，例如将英语句子里的状语转译成主语或定语。

(1) 状语转译为主语。在英语句子中，状语可能由具有方式、地点等含义的介词短语充当，这种状语在英译汉时可以转译为主语。

**例 44**：High-tech products of various types also can be manufactured in our country.

**译文**：我国也能制造各种类型的高科技产品。

（2）状语转译为定语。有些充当地点状语的副词和介词短语也可转译成汉语的定语。

**例 45**：Throughout the world，oil consumption is growing rapidly.

**译文**：全世界的石油消耗量正在迅速增长。

5. 句子定语的转译

在英译汉中，英语句子里的定语通常可以在译文中保留定语成分。在少数情况下，为了让译文更加符合汉语的语法要求，英语句子里的定语需要转译为谓语、表语、状语等其他成分。

（1）定语转译为谓语。在英汉翻译时，有时为了译文能够表达得更加通顺，语法更加合理，需要突出定语的表达内容，把定语转译作谓语。

**例 46**：Solids have a shape independent of the container.

**译文**：固体的形状与容器无关。

（2）定语转译为表语。有时为了在汉语句子里强调英语句子中的某些表达内容，需要把定语转译作表语。

**例 47**：Wind has the same effect on rocks as rain.

**译文**：风对岩石的作用和雨水对岩石的作用是一样的。

（3）定语转译为状语。在英译汉中，定语转译作状语的情况如下：该定语在原文中修饰具有动作意义的名词且该名词在译文中需要处理为动词。

**例 48**：The young man cast impatient glances at the old man.

**译文**：年轻人不耐烦地看了看那个老人。

（三）被动语态句式的翻译

被动语态在句子里表示动作的对象和承受者，是动词的一种形式。被动语态在英语中的使用十分广泛，但在汉语中的使用范围却很小。在英译汉时，被动语态句子有时会通过一定的方式处理，使之在译文中保留被动语态，但更多情况下会译作主动句。为了让译文更加通顺，更加符合目标语的语言使用习惯，在翻译时需要对被动语态进行各种处理，比较常见的处理方法有以下内容：

1. 被动句译为汉语被动句

对应原文中强调被动动作的被动句，在翻译时要保留其被动句作用，在译文中仍使用被动句突出被动意义[1]。虽然被动语态在英语中使用广泛，但其标记却

---

[1] 孙庆双．英语被动语态的翻译技巧［J］．教学与管理（理论版），2008（4）：85－86.

并不多，最常见的被动句型为 be + 动词的过去分词，以及这个句型的变体。汉语中虽然不常使用被动句，但却有特别多的被动标记。英语的被动句大多强调被动的动作，有些说出了动作的主体者，有些没有说出动作的主体者，译成汉语时常用“被”“受”“遭”“让”“给”“由”“把”“得到”“受到”“加以”“得以”“为……所”“由……来”等来表示。

**例 49**：Our house was damaged in last night's storm.

**译文**：在昨夜的暴风雨中，我家的房子遭到了破坏。

**例 50**：They are deprived of their rights.

**译文**：他们被剥夺了权利。

2. 被动句译为汉语主动句

（1）by + 表示行为主体的词。这种句型是英语中一种常见的被动句型，为了符合汉语的表达习惯，翻译时可以将其处理为主动句，把英文句子里的主语转译为宾语，宾语转译为主语，以此来强调动作的执行者而不是承受者。

**例 51**：Our plan has been approved by the president of our university.

**译文**：校长批准了我们的计划。

**例 52**：A new way of displaying time has been given by electronics.

**译文**：电子技术提供了一种新的显示时间的方法。

**例 53**：Language is shaped by human thought.

**译文**：人的思想形成了语言。

（2）行为的主体不明确。当没有必要表明行为的主体或不知道行为的主体，句中也没有介词 by 引导的行为主体时，常可直接译成汉语主动语态句。

**例 54**：The roads have been widened.

**译文**：马路都已经加宽了。

**例 55**：Production costs had been greatly increased.

**译文**：生产成本已大大增加了。

**例 56**：Such books are written for the blind.

**译文**：这种书是为盲人写的。

（3）没有出现表示行为主体的词或词组。一些英语被动句里没有出现行为主体，这些句子在英译汉时应译作主动句，并添加“人们”“大家”“有人”等不确定的主语。

**例 57**：Mr. Thomason cannot be deterred from his plan.

**译文**：人们不能阻止托马森先生实行他的计划。

**例 58**：Copper articles have been used for several thousand years.

**译文**：人们使用铜器已有数千年了。

**例 59**：The workers were seen repairing the machine.

**译文**：有人看见工人们在修理机器。

3. 被动句译成汉语的无主句

英语句中存在一些无法说出行为或不需要说出行为的被动句，根据汉语的语言表达习惯，在英译汉时可以把这些被动句译作无主句，把英文原句里的主语转译作宾语。

**例 60**：Time can always be found to do things one wants to do.

**译文**：只要想干，总是可以找到时间的。

4. 被动句型的翻译

（1）It + 被动语态 + that。It 是 It + 被动语态 + that 句型里的形式主语，that 用于引导主语从句。如果说话者出于礼貌等方面的考虑，不打算说出动作的主体或执行者，不愿意表达自己的主管意见时，常常会采用这种句型。在英译汉中，It + 被动语态 + that 句型常常会在译文中增译"有人""大家""人们""我们"等泛指性主语而将其处理为主动语态，或根据实际情况增译"据""根据"等汉语介词以译作无主语句子。

**例 61**：It should be understood that to err is human.

**译文**：应当理解，犯错误是人之常情。

**例 62**：It is reported that local government refused to provide the funds.

**译文**：据报道，当地政府不肯提供资金。

常见的这类句型有：

It is hoped that…希望…

It is reported that …据报道…

It is supposed that …据推测…

It must be admitted that …必须承认…

英语句式中以 it 为形式主语的被动句，译为汉语时，有时也可加不确定的主语，如"有人""大家""人们"等。

**例 63**：It is known to all that these islands have always been under Chinese jurisdiction.

**译文**：众所周知，这些岛屿向来归中国管辖。

**例 64**：It is believed that he is working hard.

**译文**：有人认为他工作很努力。

常见的句型有：

It is asserted that…有人主张…

It is believed that…有人相信（认为）…

It was told that…有人曾经说…

（2）正式的布告、通告等。正式的布告、通告等习惯使用被动语态，汉语却用主动的表达形式。

**例 65：** Trespassing is strictly forbidden.

**译文：** 严禁入内。

(3) 标题、广告、通知等。标题、广告、通知等常用省略的被动语态，译为汉语的主动句。

**例 66：** Trade Agreements Broken!

**译文：** 贸易协定遭到破坏。

(4) 几个动词的情况。英语中有几个动词多用于被动语态，很少用于主动语态，如：be married、be obliged 等，译为汉语时却表主动之意。

**例 67：** They were born in New York.

**译文：** 他们在纽约出生。

(5) 动词形式是主动结构，意思接近被动的情况。有些英语动词形式上是主动结构，意思上却接近被动，译为汉语时用主动表达方式。

**例 68：** This kind of cloth washes very well.

**译文：** 这种布很经洗。

(6) 可以译成"的字结构主语 + 是……"的句子。有些英语的被动句，可以译成"的字结构主语 + 是……"这样的句子。

**例 69：** It was suggested by him.

**译文：** 提出这个建议的是他。

**例 70：** He was questioned by a policeman.

**译文：** 盘问他的是一个警察。

**例 71：** The letter was written by a secretary.

**译文：** 写这封信的是一位秘书。

### (四) 否定句式的翻译

英语翻译中复杂而又常见的一个问题就是否定结构。在表达方式上英语和汉语之间的差异较大，这在否定概念上尤其突出，英语和汉语之间的不同既体现在用词和逻辑上，也体现在语法等方面。很多在英语中表示否定的句子被翻译成汉语之后就成为肯定句，或者是一些肯定句成为否定句。很多否定句在翻译时都变成陷阱，因此，在将英语翻译成为汉语的过程中，一定要突出英汉否定在表达上的不同方式，变换译法，让译文和原文有相似的功能和意义，不要进行想当然的翻译。想要在译文中将原文准确、恰当地表达出来就必须对英语中的否定句型有充分并且正确的理解。

#### 1. 句式全部否定的翻译

有些否定词可以在英语句子中表达出全部否定的意思。这类否定词常用的有：no，none，not，never，nobody，nothing，nowhere，neither…nor 等。这些词语在汉译的过程中常被翻译成为“都没有”“从不”“没有”“全不”“都不”等。

**例 72**：Nothing in the world moves faster than radio waves.

**译文**：世界上没有任何东西比无线电波传播得快。

2. 句式部分否定的翻译

部分否定指对叙述的内容做部分的而不是全部的否定。英语句中如果有 all、both、every（包括 every body、everything 等），complete（completely）、whole（wholly）、total（totally）、entirely、always、much、many、often 等这些具有总括意义的代词、形容词和副词与否定词 not 连用时，该句则为部分否定句。在这类否定句中，all、both 等词往往是否定的重点，通常译成“不都”“不全”“不多”“不常”“一些”“并非人人”“并非都”“并不是”等。此外，有些副词，如 hardly、scarcely、seldom、barely、few、little 等词与否定词连用时，也表示部分否定，翻译时一般译为“很少”“几乎不”等。

（1）代词否定的翻译。英语句子中含有不定代词 all、both、each、every、everyone、everything 等或含有形容词 + 否定词结构时，句子表示部分否定，常翻译成汉语“不都是……”“并非都……”“不全是……”“不总是”和“未必都”等。

**例 73**：All the problems were not solved at the meeting.

**译文**：并非所有的问题都在会议上解决了。

（2）副词否定的翻译。英语句子中副词 always、wholly、entirely、completely、totally、altogether、every where、of ten、quite、enough 等与否定词连用时，强调的是部分否定，常译为“不常”“不完全”“不总是”等，表示程度上的不完全否定。

**例 74**：You have not entirely forgotten me.

**译文**：你还没有完全把我遗忘。

**例 75**：I don’t wholly agree with you.

**译文**：我不完全同意你的观点。

**例 76**：Friction is not always a disadvantage. In many instances it is highly important.

**译文**：摩擦并不总是不利的。在许多情况下，它是非常重要的。

（3）接近完全否定的副词的否定句。英语句式中，接近完全否定的副词如 hardly、scarcely、rarely、seldom、few 等用在否定句中表示部分否定，译为“几乎不”“很少”。

**例 77**：She hardly thought it possible that this skin disease might occur in response to the sunlight.

**译文**：她几乎从未想到这种皮肤病的发病会是由太阳照射引起的。

**例 78**：Rarely do metals occur in nature in a pure form by themselves.

**译文**：自然界中，几乎没有纯金属存在。

**例 79**：Scarcely did anybody think of snoring as being a disease in the past.

**译文**：过去，几乎没有人认为打鼾是一种疾病。

（4）and 连接的两个并列成分的否定句。当 and 连接的两个并列成分放在否定句中的时候，这两个成分之中的一个被否定了，并不是全部被否定了，常可译为"不能既……又是……""并非既是……又是……"。

**例 80**：She couldn't take off the time to see the doctor and to see the experiment.

**译文**：她无法腾出时间既看病又兼顾实验。

**例 81**：The child isn't，lovely and healthy.

**译文**：这个孩子并不是既健康又活泼。

3. 双重否定句式的翻译

在英语中两个否定词同时使用就是双重否定，当否定词否定另一个词或同一个单词时则不再具有否定意义，而是代表肯定。在英语句子中表达肯定时使用两个否定词是非常常见的，这是双重否定。但在汉语表达中双重否定则所用不多，一般常用部分否定或是完全否定，比较干脆。用汉语翻译英语中的双重否定句时常用肯定句来表达。

**例 82**：The doctors left no stone unturned in their attempt to save the child.

**译文**：大夫们竭尽全力挽救孩子的生命。

**例 83**：We could not have reached the correct conclusion but that we did the laboratory test.

**译文**：只有进行实验室测试，我们才能得出正确的结论。

**例 84**：There is not a single thing in the world without a dual nature.

**译文**：世间万事万物都具有双重性。

有时为突出肯定的意义，也可在汉译英中将英语句子中的双重否定在汉语中翻译成为双重否定的句式。

**例 85**：If there were no energy，there would be no force and work.

**译文**：没有能量，就不会有力和功。

**例 86**：He cannot but agree.

**译文**：他不得不同意。

**例 87**：There is no story without coincidence.

**译文**：无巧不成书。

4. 形式上否定、意义上肯定的句式翻译

在英语中有一种固定搭配，即将否定词与其他连词一起使用，这种句子看似表达否定的意义，但实际并非如此，它表达的是肯定。一般强调肯定句时多使用这种结构的翻译。

（1）cannot be + too + 形容词。“cannot be + too + 形容词”的句式，可译为“无论怎么样都不过分”“应尽量”“越……越好”“做什么……是值得的”“再……也不过分”等。

**例 88：** You cannot be too careful in answering an English paper.

**译文：** 答英语卷越仔细越好。

**例 89：** This point cannot be overemphasized.

**译文：** 这一点应该特别强调。（或：这一点怎么强调也不过分。）

（2）no，none，nothing + but，like。“no，none，nothing + but，like”句式，可译为“只有”“只”“不过”等。nothing short of 则可译为“简直可以说”。

**例 90：** There is no man but errs.

**译文：** 人人难免有过失。

**例 91：** Nothing but a miracle can save him.

**译文：** 只有奇迹才能挽救他。

5. 无否定形式的否定句式翻译

有些单词或词组在英语中看似不表示否定，但其代表的否定含义则在表达一些含义时出现，例如 anything but、absence、little、fail、unless、few、seldom、little、without、unless、anything but 等。这些单词或词组在汉译英的过程中正确的处理方式是，依照汉语的使用习惯，以准确理解意思为前提，采用正反处理的方式将其翻译成为否定。

（1）动词引起的内容否定句式。形式肯定但却明显含有否定意义的动词或短语动词有很多，常见的有：fail（不能），lack（缺乏），stop（停止），violate（违背），lose（失去），refuse（拒绝），protect…from（保护…免受），save…from（使…不受），keep…from（避免），keep up with（不落后于），keep off（不接近），keep out（切勿入内），lose sight of（看不见），turn a deaf ear to（对…根本不听），mind your own business（不要你管），fall short of（不足），leave much to be desired（不完善）等。

**例 92：** The engine failed to start.

**译文：** 发动机（打）不着（火）。

**例 93：** The drain just refused to work.

**译文：** 排水管就是不排水。

**例 94：** The work of the marketing department in the company leaves much to be desired.

**译文：** 该公司市场部的工作很不完善。

同样，上述引起内容否定的动词，其名词形式同样也可以引起句式内容否定。这样的名词有：neglect、exclusion、absence、end、loss 等。

**例 95**：Never concentrate your attention to one or two questions，to the exclusion of others.

**译文**：不要把自己的注意力仅仅局限在一两个问题上，而应放在更多的遗漏问题上。

**例 96**：A few instruments are in a state of neglect.

**译文**：一些仪器处于无人管理的状态。

（2）介词、形容词、副词、连词引起的内容否定句式。有些英语词语在汉语中也被翻译成否定句，它们在上下文中表示否定，如副词 ill；介词 above、beyond、out of；连词 before；形容词 last、short（of）、far from 等。

**例 97**：He would die before surrendering.

**译文**：他宁死也决不投降。

**例 98**：He was ill treated in hospital.

**译文**：他在医院里受到不公正待遇。

**例 99**：He would be the last man to be in charge of such a project.

**译文**：他最不适合负责这一工程。

6. 否定转移句式的翻译

英语中的否定转移是指，有时否定词在英语句式中否定的是之后的一部分，而并不是紧跟否定词后的那一部分。有些句子从表面看是对一个名词短语进行的否定，但实际是对谓语动词的否定；有些句子从表面看是对谓语动词进行的否定，但实际是对其他名词短语进行否定；有些句子从表面看是对主语部分进行否定，但实际是对从句部分进行否定。在英译汉的过程中一定要重视这种现象，做到准确翻译和理解。

（1）否定谓语转为否定状语。

**例 100**：I do not recommend him because he is my brother.

**译文**：我推荐他并不是因为他是我的兄弟。

**例 101**：We are not here to interfere anyone，nor are we here to be anyone's whipping boy.

**译文**：我们来这里并不想打扰他人，但也不会任人摆布。

（2）否定谓语转移为否定从句中的谓语动词。否定谓语转移为否定从句中的谓语动词，这些词常见的有 think、suppose、believe、guess、expect、imagine 等。

**例 102**：It doesn't seem that we can finish the job this week.

**译文**：看来我们这周无法完成这项工作了。

**例 103**：I didn't assume that he supports me.

**译文**：我想他不会支持我。

**例 104**：It isn't likely that oil prices will fall this year.

**译文**：今年的石油价格不太可能下跌。

（3）否定宾语（含介词宾语）转为否定谓语。

**例 105**：Fortunately，the principal was a man who knew how to admit that he was wrong，and it became obvious to him that the girl-student was not avoiding his eyes out of defiance，but out of shyness.

**译文**：所幸的是校长是个勇于承认错误的人，他很快发现这个女生之所以避开他的目光并不是由于藐视而是由于害羞的缘故。

**例 106**：We shall consent to the designing plan under no circumstances.

**译文**：在任何情况下，我们都不会同意这个设计方案。

## 四、委婉语的翻译技巧

翻译作为沟通不同文化的桥梁，对跨越文化鸿沟，提高跨文化交际能力有着重要意义。委婉语既是一种语言现象，又是一种文化现象，普遍存在于世界各民族语言中。

### （一）委婉语的字面翻译

字面翻译是指在保证译文语言流畅易懂的前提下，尽量保持原文的内容和语言形式，包括用词、句子结构、比喻手段等[1]。采用译法有利于保留原文的语言形象和文化内涵，对于促进文化交流，丰富翻译语言，有现实意义。虽然不同的民族有不同的文化、风俗习惯和思维方式，但基于人类共同的情感标准和认知经验，不同民族的人们对同一事物也会有相同的观点和态度。虽然英汉委婉语在具体的使用和构造上既有相同之处，也有各自的特色。但人类表达思想的方式基本上一致的，因而英汉两种语言存在着很多相同或相近的委婉语。因此，字面翻译是翻译这些委婉语时的首选。

### （二）委婉语的意译

意译是指翻译时只要将原文大意表达出来，译文通畅自然即可。对于一些文化意义的浓缩词，字面翻译并不能准确地传达原文的文化意义，这时采用意译可以绕过其文化背景，直接译出其真的意思。考虑到英汉两种语言不同的语言文化背景，翻译时也可以采用意译。

---

[1] 张海芹，傅煊翔．英汉翻译教程［M］．成都：电子科技大学出版社，2017.

### （三）委婉语的区分语体、感情色彩与使用语境

1. 委婉语的区分语体和感情色彩

在翻译时根据所指对象的年龄、性别、身份、职业等来区分具体的语体和感情色彩，选择合适等值的委婉语。

在日常生活中，说话者的言语往往会带有某种感情色彩，或是褒扬或是贬损，或是爱怜或是憎恶。在翻译时，这一点必须引起重视。

2. 委婉语的使用环境

委婉语虽然是一种普遍的语言文化现象，但也有着浓厚的地域和民族色彩。同时委婉语还是一种含蓄又不确定的表达，具有临时性和多样性的特点，因此，对委婉语的准确解读需要结合当时所处的具体语境。

语境包括：语言因素、非语言因素和认知因素。上下文、时间、空间、情景、对象、话语前提等与词语使用有关的都是语境因素。在委婉语翻译时译者还要识别原文是否使用委婉语。原文中使用委婉语而不直说其意，必有其用意所在。因此在翻译时也应对委婉语的含义进行斟酌推敲，尽量译出情感褒贬得当，含蓄程度相应的译文。然而有时，一种语言中需要委婉的地方在另一种语言中也许并不需要。

## 五、饮食的翻译技巧

受自然气候、风俗习惯以及地理位置的影响，形成了每个国家和每个地位不同的饮食习惯。历史条件等的制约，也为饮食行为创造了发展空间，并催生出多样的饮食文化。以下就从菜肴、酒、茶等角度比较英汉的饮食文化的区别，并对相应的翻译方法进行探索和研究。

### （一）菜肴的翻译技巧

1. 英汉菜肴文化的对比

西方国家的饮食以养殖和渔猎为主，种植和采集为辅。他们的饮食中更多的是肉食。到工业社会时期，食品加工行业得到快速发展和提升，西方人创造了非常多的食品工业和快餐文化。但整体来看，西方饮食文化还是受到航海民族和游牧民族文化的制约，使得他们的食品种类非常有限，工业食品也很单调，但其优势在于制作工艺简单，营养搭配较好。

（1）英汉菜类对比。中国自古就是农业大国，因此饮食的主要来源肯定是农业产品，主要可以分为以下三种：

第一，主食类。中国的传统主食具有非常显著的地域风格，主要表现出北方主食以馒头、面条为主，南方主食则以米饭为主。而且像一些淀粉含量高的农产

品（如山药、土豆和芋头等）也被一些地方作为主食食用。

第二，辅食类。中国的辅食则以蔬菜为主，品种齐全，品类丰富，达600多种，2010—2018年，我国蔬菜播种面积以及产量均呈现出增长的走势，2010年，蔬菜播种面积以及产量增速分别为10.54%和12.70%，为历年最高值；随后蔬菜行业进入缓慢增长期，2011—2018年，国内蔬菜播种面积及产量增速大致处在2%~4%，这是西方国家无法匹及的。

第三，肉食类。中国古代的肉食非常少。不过随着物质生活水平的提升，让寻常百姓的餐桌上也开始出现肉类。

（2）英汉烹调方式对比。西方国家食材较单一，烹饪时大都采取混在一起的做法。因此西方国家的烹饪方式也比较简单，烤、煎和炸是比较常见的做法。这几种方式都比较容易保留食材的营养不流失，不过这些做法也没有多少文化气息可言。需要注意的是，西方国家对食材的要求更多地注重营养这一要素，很多中小学校甚至配备了非常专业的营养师，这也可见其对青少年的营养要求是非常高的。

中国是饮食大国，中华民族的饮食文化可谓博大精深、源远流长，技术高超、品种丰富是中国烹调方式的主要特点。整体上来看，既会从冷热、产地和生熟等角度对食材进行分类，而且还包括炸、爆炒、熏制、焖煮、烘烤、白灼、炖煮等多种多样的烹饪手法。此外，中国的物产丰富，中国人的餐饮文化讲究因地制宜，就地取材，新鲜的食材，加上合适的烹饪方法，让中国的餐饮文化一直非常具有内涵，并形成了鲁菜、川菜、湘菜、苏菜、粤菜、京菜、闽菜和徽菜八大菜系，这是中国人民智慧的结晶。

（3）英汉饮食观念对比。西方人对饮食没有过多要求，而仅仅只是为了身体的营养需要。因此，西方人的饮食理念也更加理智，并以营养均衡为第一要素，以确保各种营养物质（如维生素、脂肪、碳水化合物和蛋白质）均衡摄取。若是以牺牲食材的营养为前提进行烹饪，他们都情愿不采取这种加工方式。

而与西方人相反，中国人对饮食的要求更多的是从美性上考虑的，对食材的美观性、口感和艺术性的追求有时会超过对营养的关注，而且中国的食材烹饪将食材的各种口感进行渗透融合，创造出了中国特有的饮食文化。

2. 英汉菜肴的翻译

中国不仅食材丰富，烹饪手法多样，而且对菜肴的命名也很有学问，不管是写实性的还是浪漫化的命名，都给人心旷神怡的舒适感。所以对菜肴名进行英语翻译时也要注意灵活性，通常情况下，可以从以下类型进行翻译：

（1）直译。这种方法比较适用于对写实性的菜肴进行翻译，可以让人们看到菜肴烹饪所需要的主食材、配料和需要用到的调料等信息[1]。

---

[1] 安新奎．中餐菜名的翻译及前置词的使用［J］．中国俄语教学，2016，35（3）：40－44．

第一，烹调法+主料名。例如：

盐烙信封鸡 salt baked Xinfeng chicken

脆皮锅酥肉 deep fried pork

五香兔肉 spiced hare

第二，烹调法+主料名+with+配料。例如：

杏仁炒虾仁 fried shrimps with almonds

蚝汁鲍鱼片 fried abalone slices with oyster oil

糖醋排骨 spareribs with sweet and sour sauce

第三，烹调法+主料名+with/in+配料名。例如：

荷叶粉蒸鸡 steamed chicken in lotus leaf packets

腐乳汁烧肉 stewed pork with preserved bean curd

滑蛋牛肉 fried beef with scrambled eggs

第四，烹调法+加工法+主料名+with/in+调料名。例如：

红烧狮子头 stewed minced pork balls with brown sauce

肉片烧豆腐 stewed sliced pork with beancurd

蟹肉海参 fried sea cucumbers with crab meat

第五，烹调法（+加工法）+主料名+and+调料名。例如：

凤肝虾仁 fired shelled shrimps and chicken liver

虾仁扒豆腐 stewed shelled shrimps and bean curd

甲鱼裙边煨肥猪肉 stewed calipash and calipee with fat pork

（2）意译。中国有些菜肴是取其寓意进行命名的，主要是为了满足食客表达美好心愿的目的，其名字听起来既有诗意又非常吉利，从菜名中无法得知采用的主要食材、原料特点和烹饪方式。在翻译这类菜名时，为准确传达其内涵，应采取意译法。例如：

全家福 stewed assorted meats

蚂蚁上树 bean vermicelli with spicy meat sauce

游龙戏凤 stir-fried prawns&chicken

（3）直译+意译。还有一些菜肴名结合了写实和写意两个方法，这可以让食客很清楚地了解到烹饪食材和烹饪方法，还具有一定的诗意。这种菜肴名的翻译较多要采用直译法和意译法结合的方式，这样才能将寓意体现出来。例如：

木须肉 fried pork with scrambled eggs and fungus

三鲜汤 soup with fish，shrimp and pork balls

翡翠虾仁 stir-fried shrimps with peas

（4）直译+解释。中国的菜肴名包含了丰富的文化底蕴和民俗情趣。有些跟历史人物有深厚渊源，有些跟地名有所联系，还有一些来自传说故事、典故等。所以在翻译时，为了更清楚、准确地对其文化底蕴进行表达，易采用直译法，并辅以一定的解释。例如：

东坡肉 Dongpo braised pork

北京烤鸭 Beijing roast duck

西湖醋鱼 West Lake vinegar fish

## （二）酒的翻译技巧

酒文化是人们日常生活不可或缺的一个组成部分，更是构成饮食文化的一个重要部分，酒文化是世界性的，并且在各个国家所代表的内容和内涵也各有不同。

### 1. 英汉酒文化的对比

（1）英汉酿酒原料对比。受不同的水质、地理环境和气候等的影响，每个地区的农产品作物的种类和质量、数量都会有所差异。中西方国家的地理位置、气候条件等因素的不同，使得两个地区所采用的酿酒原材料也有所不同。

古希腊一直被认为是西方文明的发源之地，它处于地中海东北端，三面都是海，土地面积不大，且非常贫瘠，冬季雨多，夏季炎热，这种气候是不利于农作物种植的，但是却给葡萄的生长创造了条件，加上土地贫瘠，使得葡萄的扎根也非常深，因此这里不仅盛产葡萄，而且葡萄品质也非常高。这一优势也为西方人的葡萄酿酒创造了非常有利的条件，而且创造出了久负盛名的葡萄酒文化。葡萄不但可以酿葡萄酒，而且像白兰地、香槟的酿造都以葡萄为主要原料。

黄河流域是中华文化的发源之地，这一代气候适宜，土地辽阔且肥沃，非常适合种植高粱、小麦等农作物，这里作为世界最早的农业中心之一，也有上万年的历史。这就为人们酿造粮食酒创造了条件，从而成就了中国特有的酒文化。整体上看，高粱、稻谷、粟和小麦都是主要的酿酒原料，中国的酒主要包括黄酒、白酒等。

（2）英汉饮酒文化对比。虽然酒属于一种物质，但是它体现出来的文化却属于精神层次，是具有中国特色文化的一个部分。中西方国家的文化理念，发展历程都具有较大的差异，这也是导致饮酒文化的重要前提条件。

西方人在品酒时比较重视身体器官的感受，所以他们对饮酒的排序基本上来自味觉感受，通常会按照先较淡再到较浓郁的顺序品酒。在聚会和宴会上，酒还会分成开胃酒、主菜佐酒、甜点酒和餐后酒等。西方人品酒时气氛会比较祥和，没有猜拳行令之类的助兴活动，而且对倒酒的量也有比较严格的规定，倒杯子容量的三分之二为宜，通常会在吃完主菜，未上甜菜之时敬酒。另外，在敬酒时要将酒杯放置在与眼睛同高的位置，并直视对方，这样才是有礼貌的敬酒行为。而被敬酒的人也不会喝完。特别需要注意的是，西方人喝酒对酒具的选择也非常讲究。一般会选择郁金香型的高脚杯倒酒，这种形状的容器有利于让酒的香气聚集在杯口，给人香醇的体验，而且也表现出了对酒的尊重之情。

中国自古以来就是非常有名的礼仪之邦，在酒文化中也可见一斑，其具体有以下几方面的体现：

第一，饮酒要有酒德。孔子在《论语·乡党》中阐述了酒德的重要性。提出虽然人的酒量都各不相同，有些人酒量好，有些人酒量差，所以不能要求喝酒的量，而是要确保人们在喝酒之后还能保持神志清醒为宜。

第二，饮酒要讲究长幼尊卑。中国人的饮酒文化更为强调气氛的营造和情绪的高涨，所以在倒酒时会倒满，以示尊重，敬酒一方也要先喝完。而且在敬酒时还要注意顺序，主人会先敬酒，之后再由其他人来敬酒。敬酒对象也要从最为尊贵的客人起。此外，下级和晚辈要主动给上级或者长辈敬酒，并要将酒杯置于对方酒杯下方，要说吉祥的祝酒词，并要自己先干完，这样才能体现出对客人的敬重和诚意，为了调动酒桌上的气氛，主人还可以进行一些行酒令、猜拳等助酒活动。

2. 英汉酒的翻译

中西方不同的酒文化为翻译带来了一定的障碍，因此译者应将音译、直译、意译及解释性翻译等多种翻译方法进行综合运用，从而将酒文化的深层含义准确传递出来，以下重点举例说明解释性翻译，例如：

杜少卿走进去，问娘子可晓得这坛酒，娘子说不知道。便问这些家人、婆娘，都说不知道。后来问到邵老丫，邵老丫想起来道："是有的。是老爷上任那年做了一坛酒，埋在那边第七进房子后一间小屋里，说是留着韦四太爷同吃的。这酒是二斗糯米做出来的二十斤酿，又兑了二十斤烧酒，一点水也不掺。而今埋在地下足足有九年零七月了。这酒醉得死人的，弄出来少爷不要吃！"

（吴敬梓《儒林外史》第三十一回）

Du Shao-qing went to the inner chambers to ask his wife if she knew anything about this wine, but she did not. He asked all the servants and maids, but none of them knew. Last of all, he questioned his wet-nurse Shao. "There was such a jar," she recalled. "The year that our late master became prefect he brewed a jar of wine and buried it in a small room at the back of the seventh courtyard. He said it was to be kept for Mr. Wei. The wine was made of two pecks of glutinous rice and twenty catties of fermented rice. Twenty catties of alcohol went into it too, but not a drop of water. It was buried nine years and seven months ago, so it must be strong enough now to blow your heads off. When it's dug up, don't drink it, sir!"

（杨宪益、戴乃迭译）

### (三) 茶的翻译技巧

茶作为极为普遍的饮料，风靡于世界各地，特别是中西方国家。人们通常以茶会友，在品茶的过程中进行思想、精神层面的交流，以此达到扩大人际关系交往的目的。但是在中西方国家都有着自身独一无二的茶文化，这是由于社会历史条件的差异造成的。

1. 英汉茶文化的对比

(1) 西方茶文化。原产地为中国的茶，在丝绸之路开通后传入西方国家。据目前相关史料记载，西方国家中茶的最早的有关记载出现在《塞缪尔日记》中，书中对于茶有着极为直接、明显的一句描述“我喝了一杯以前从未喝过的茶。”同时，书中也明确记载了这一天的日期是 1660 年 9 月 25 日。由此可以直接得到结论，丝绸之路开通后，茶传入西方国家。tea 作为茶在英语中的发音表达形式，究其根源，中国香港是这一发音的来源地，也就是说，在当时茶在中国香港被称为［tiː］，所以当茶进入西方国家后，也没有改变原有的发音，并且逐渐演变成为英文单词 tea，而且这也进一步证实了茶的发源地是中国。

例如，英国人对于茶十分热爱，在 1750 年，由英国人托马斯 · 肯特编写的《茶经》，详细记载并介绍了茶的种植、采摘、制作过程以及泡茶等方面的内容。在这之前，有一位叫托马斯 · 加雅的咖啡店主，在自己的店铺中进行了茶叶大展卖，受到当时人们的热烈追捧，并且这也是英国历史上第一次进行茶叶大展卖。随着时间的推移，人们对于茶的大力推广以及对于茶的热烈追捧，使得喝茶成为英国的一股潮流。

茶是英国人的每日必需品，在进行对有关民生事物以及国家利益等重大事物进行协调处理时，饮茶也是极为重大的仪式之一。并且，在英国民众中，饮茶成为工作闲暇时刻极为重要的休闲方式之一。同时不同的饮茶时间也被划分为早茶、午茶、晚茶，在饮茶中，通常会有不同的小茶点作为吃食。通过种种现象可以得知，在英国人的日常饮食中，饮茶早已成为不可或缺的一部分，与“一日三餐”的地位几乎等同。

德国人对于饮茶也十分热衷，并且有着其自身独特的“冲茶”方式：将漏斗置于茶壶之上，再将一个细密的金属筛子放置于漏斗上，同时在筛子上放置茶叶，紧接着使用沸水连续冲洗茶叶，茶水会顺势而下，进入茶壶中。这种独特的“冲茶”方式，冲出的茶水颜色十分浅淡。同时，德国人对于“花茶”也十分喜爱，将各色的花瓣搭配果干、山楂、苹果混合冲泡。由此可以得知，德国人的花茶并不是名副其实，而是真正的“有花无茶”。

法国的咖啡馆在世界享有盛誉。但同时饮茶也成为法国的一大风尚。法国人对于茶以及茶文化十分热爱，从我国进口茶叶的同时，法国对于东方的茶道文化产生了极大的兴趣，开始研习东方的茶道文化，所以，在当代的巴黎，有着许多极具东方文化特点的茶座存在。

作为咖啡王国的美国，饮茶的人也不在少数，几乎占据总人口的一半。但是美国人的饮茶也极具特色，美国人热衷于饮凉茶和冰茶，与中国人喜爱饮热茶极为不同。并且，美国人并不热衷于饮用即时加工的茶水，而多是饮用罐装的，混合糖、奶等其他饮品的混合冷饮茶。

综上所述，茶叶从中国传入西方后，西方国家并没有盲目的继承中国茶文化的各个层面，而是将茶文化与各国的民族文化相融合，进一步推动了饮茶方式的创新与发展。

（2）中国茶文化。世界上最为古老的药书《神农本草》在战国时期出现，在这本书中有着有关“茶”的最早记载。公元 758 年，由唐代陆羽撰写的《茶经》完成。此书对于茶叶的种植培养、制作过程、分拣以及品饮甚至评判经验都进行了极为详细地叙述。所以，《茶经》被称为世界上最早的茶叶专著，陆羽“茶圣”的称号也由此而来。在《茶经》的有关记载中，早在 4700 多年前我国就已经发现了茶树并且开始使用茶叶。

最新的有关发现以及论证表明，茶树原产于我国西南地区的云南、贵州等地。之后，随着人口的流动迁移和地质的差异，全国性的茶树种植开始出现，同时茶树的人工种植也日益兴起。

在柴米油盐酱醋茶中，茶虽然置于末位并不代表茶是可有可无的，而是因为在人们满足了前六个基本要求后，才会保持愉悦的心情和能力去品茶。因此可知，茶有野性又有文质，有庸俗之处也有着雅致之风，人们在饮茶过程中既可以解渴，同时也能保持身心愉悦。

2. 英汉茶的翻译

我国具有悠久的饮茶历史，并形成了独具特色的茶文化，尤其在茶名、茶具、茶的烹制方法等方面都讲究颇多。除此之外，在长期的饮茶活动中还形成了一些特定的茶道与饮茶习俗，这些也成为中华茶文化重要的组成部分。在对茶文化进行翻译时，应注意将这些文化内涵进行准确传递。以下主要举例说明茶名与茶道的翻译：

（1）茶名的翻译。例如：

林之孝家的又向袭人等笑说：“该沏些个普洱茶吃。”袭人晴雯二人忙笑说：“沏了一盅子女儿茶，已经吃过两碗了。大娘也尝一碗，都是现成的。”

（曹雪芹《红楼梦》第六十三回）

Mrs. Lin advised Xiren and Qingwen to brew him some puer tea. “We've made him some nv'er tea and he's drunk two bowls. Won't you try some, madam?" They answered. "It's already brewed."

（杨宪益、戴乃迭译）

（2）茶道的翻译。例如：

尤氏忙止道："不必，不必。你这一向病着，那里有什么新鲜东西。况且我也不饿。"李纨道："咋日他姨娘家送来的好茶面子，倒是对碗来你喝罢。"说毕，便吩咐人去对茶。

（曹雪芹《红楼梦》第七十五回）

"No need, no need, Madam You at once demurred. I'll as you've been, you can't have any delicacies here. Besides, I'm not hungry."

"Lan's aunt has sent me some good fried flour, let's mix a bowl for you to taste." She ordered a maid to prepare this, while Madam You remained silent in a brown study.

（杨宪益、戴乃迭译）

## 六、服饰的翻译技巧

服饰既是物质文明的一种表现方式，也是对一个民族审美情趣、文化素养和精神风貌的概括。中西方的服饰经过不同的发展和演变，都具备了自身独具个性和风格的表现体系[1]。

### （一）英汉服饰文化的对比

服饰文化中有三个重要的影响因素，即材料、款式和颜色，除了这三种重要因素之外，服饰的图案和观念等也会对服饰的文化形成一定的影响。

1. 英汉服饰材料的对比

（1）西方的服饰材料。西方服饰中采用的比较常用的布料要属亚麻布了，这是由三个主要原因所造成的：一是受地理环境的影响，亚麻的生长非常的好，亚麻成为西方很多国家的盛产之物；二是由于亚麻的提取非常简便，且制成的布料手感较好且非常结实，在日常穿着比较合适；三是西方国家崇尚积极上进，勤劳奋勉，而这一精神和亚麻的实用价值非常贴近。

（2）中国的服饰材料。国内的服饰材料主要有丝绸、棉布和麻料等，用材比较丰富多样。而最体现中国特色的则要属丝了。中国的丝绸历史已有五千多年，丝绸之国的称号也当之无愧。详细来讲，丝又可以根据纹理和织法的不同分为锦、绢、练、绫、绮、缟、素、纱等多种类型，从这些分类可以看出，中

[1] 朱风云，谷亮．英汉文化与翻译探索［M］．北京：北京理工大学出版社，2017.

国的制丝工艺几乎已经达到炉火纯青的地步，这也是广大劳动人民的智慧结晶。丝绸手感柔软细腻，中国的很多特色服装如水袖、披风和头巾的制作中都可以进行运用。它能给人们带来一种飘逸如仙的视觉体验，让人们的姿态更加轻盈高雅。

2. 英汉服饰款式的对比

（1）西方的服饰款式。通常情况下，西方国家的人身材更加高大魁梧，脸部轮廓也更为凸显，所以需要在服饰上进行一种横向视觉的平衡，所以在服饰设计上会大量采用花边的重叠、袖型的膨胀和裙撑的扩展等手法，让视觉效果更加具有横向作用。而且西方人的性格一般比较豪爽热情，个性张扬，这就造成了他们服饰的夸张个性的特色，牛仔裤就是非常典型的西方服饰的代表，它将西方人的我行我素的个性特征彰显了出来。而且牛仔还具有非常实用的特色，且年龄实用度也非常高，体现出西方平等的理念。

（2）中国的服饰款式。整体来看，一般会采用线条的下垂感、对袖型进行加长设计等常用的方法。在魏晋时期，男子的服饰一般都是比较宽大的袍衫，女子多着长裙，而到了中唐时期，长裙往往采用拖地设计，至清代袖口肥大等，不管是怎样的设计，都无不透露出雍容华贵之感。而且中国人的脸部轮廓比较柔和，所以在服装设计上也会体现出一种平和的特色。

3. 英汉服饰颜色的对比

（1）西方的服饰颜色。颜色的选择也可以侧面体现出一个民族的风貌特征和性格特色。罗马时代，白色和紫色是西方国家服饰的主色调，白色是圣洁、纯净的颜色，自古以来就得到了很多人的青睐，婚纱也都采用这个颜色为主色，可见其在人们心中的地位；而紫色是高贵和财富的象征，细分来看，红紫色更适合年轻人，青紫色则更容易得到优雅成熟女性的喜欢。到文艺复兴时期，人们逐渐对明亮颜色产生了浓厚的兴趣，服饰的设计也更加奢华丰富。在这个时期，法国人比较青睐丁香色、纯白色、天蓝色和蔷薇色；灰色调和玫瑰红则成为西班牙人的服饰主色；英国人则更喜欢体现高贵神秘的黑色。现代时期，地位、等级的概念逐渐被人们所淡化，对服饰和颜色的选择更加依据于个人喜好，颜色成为人们个性代表的一个元素。

（2）中国的服饰颜色。例如，《舆服志》中描述了中国服饰颜色的一个发展历程，它将各个时期的主色调进行了描述，并且指出了服饰颜色的选择有着比较严格的阶级限制。从书中记载也可以看出，中国的服饰发展过程中具有两个最显著的特征，一是鲜明的时代性，二是严格的等级性。

4. 英汉服饰图案的对比

（1）西方的服饰图案。随着历史的发展和社会的变迁，西方国家的服饰图案也同样经历着变化和发展，在文艺复兴时期，花草图案是西方服饰中的主要图案，早期时花卉图案是人们最为喜欢的服饰图案。到法国路易十五统治年代，洛可可装饰风格在很大程度上影响了服饰图案的选择，比较流行庭院花草和S形、旋涡形的藤草图案。到了近代，开始流行几何透视的欧普图案、野兽派的杜飞花样和一些计算机设计的电子图案。

（2）中国的服饰图案。中国的服饰图案选择丰富多样，多姿多彩，以此表达丰富的文化内涵和美好的心愿。像牡丹、喜鹊、鹤鹿等图案就表现出人们追求美好生活的愿望；还有一些对图腾的崇拜和敬畏之情在服饰图案中也可见一斑，如采用九龙戏珠、龙凤呈祥和龙飞凤舞等。

5. 英汉服饰观念的对比

西方人和中国人对服饰设计的审美意识有着一定的差异，西方更讲究人体美，而中国则讲究仪表美，这也是区别英汉服饰设计的一个基础条件。

这种区别的存在是因为古希腊、古罗马时期的雕塑、绘画等艺术对服饰设计产生了重要的影响；加上由于地处地中海沿岸，气候温暖适宜，人们对服饰的追求也以凉爽、舒适为主要目的。所以，西方服饰设计中会首要考虑人体需求，并体现出男士的健康雄壮和女士的婀娜之态。

中国自古以来就是一个非常崇尚礼仪的国家，传统礼教对其几千年的文化发展产生了非常深厚的影响。所以中国服饰也更讲究一种文明的体现，并从不同的服饰体现不同的阶级和社会地位。虽然现代社会随着改革开放和文化交流的加剧，对人们的服饰理念产生了非常大的影响，但是传统的礼仪服饰理念也会一直存在于中国人的日常穿着中。

## （二）英汉服饰的翻译

直译就是使译文在意义、结构两个方面都与原文保持一致。在进行服饰文化的翻译时，大多数情况下都可直接采取直译法[1]。

由于英汉语言结构方面的差异，有时很难保证意义与结构的同步统一，此时为保证意义准确，可以舍弃一部分结构，而将原文的含义如实传达出来，即采取意译法。

当在翻译过程中无法找到对等的表达方式时，译者应采取改译法，即采取灵活多样的处理方式，既将原文意义有效传递出来，又使译文符合译入语读者的语言习惯。

一个民族的服饰特征渗透着一个民族深厚的文化底蕴。在翻译具有丰富文化内涵的服饰时，为帮助读者进行有效理解，可在译文中进行适当解释[2]。

---

[1] 王萱．服装英语的特征与翻译策略——评《服装英语翻译概论》[J]．印染助剂，2018，35(3)：5.

[2] 沈琳琳．文化传播语境下高职英语外译教学原则分析——以服饰文化翻译为例 [J]．职教论坛，2015 (35)：70－73.

## 七、称谓的翻译技巧

### (一) 英汉称谓的文化对比

1. 英汉社交称谓的文化对比

(1) 英汉普通称谓差异。普通称谓是指那些常规使用的，不涉及年龄、工作、地位，数量较少的通常称谓。在英文中，一般的普通称谓有 Mr. 、Miss. 、Madam、Lady、Ms. 、Mrs. 和 Sir。

第一，Mr. 可以与姓什么或整体姓名联合使用。是对无职位者或不了解职位者的称谓语，较为正式，非亲密用词。

第二，Mrs. 是对已婚女士的称呼，通常要与其丈夫姓什么和结婚后姓什么联合使用。

第三，Miss. 是对未婚女士的称呼，通常要与其姓什么联合使用，语气较为严谨，表现出的亲密程度一般。

第四，Ms. 是一个对女士的尊敬称呼，由 Mrs. 和 Miss. 两个词组合而来。Ms. 的由来和西方习惯重视隐私、对婚姻状况保密这一习俗有相当关联。因此，对于婚姻状况不明的女性可以用 Ms. 。

第五，Madam 和 Sir 是对应的一组尊敬称呼，一般是指公众场合男士、女士，常常不和姓氏连用，表现出的亲密程度一般。

第六，Lady 也是一个对女士的尊敬称呼，寓意高贵，意为“淑女”“尊敬的夫人”。

汉语中对应的称呼有：①阿姨是对与妈妈相仿女士的称呼；②太太、先生前面加上姓什么，直接称呼；③伯伯、大爷、大叔、大妈等是一种广泛称呼，来源于类比亲属。

(2) 英汉头衔称谓差异。英汉语中皆可将职业地位（如工作、职务和技术级别等）作为称呼。英文中的地位称呼应用范围不多，仅有博士、医生、教授称呼，也有表达敬意的成分。这些称呼可以单用，也可以和姓什么联合使用。

汉语中的头衔称呼相对就更复杂。在汉语中，大多数工作、技术级别和职务等，不论其高低都可直接简单作为称呼，不附加其他，也可与姓什么连用，如赵县长、钱区长、王主任、孙会计、张医生、李护士、周老师等。

(3) 英汉拟亲属称谓差异。类比亲属称呼是亲属称呼词的变种，经亲属称呼语演化而来。类比亲属称呼的作用是表达对被称呼人的敬意。汉语中常采用类比亲属称呼，在英文中不常用。

在汉语中，常常把和自己长辈岁数相仿的人，称为大爷、奶奶、大妈、大娘、大伯、伯母、阿姨、叔叔等。

2. 英汉亲属称谓的文化对比

英文亲戚称呼很简单、不精确，汉语亲属称呼则相当精确、详尽。按分类划分，英语称呼系统为类分型，汉语亲属称呼系统属于叙述式。英语亲属称谓系统简单而粗疏，所以属于类分式称谓系统。类分式称呼系统是以家庭地位来对家庭成员进行类别区分，血缘关系见表3-1❶。

**表3-1　以辈分对家庭成员的分类**

| 父母辈 | 兄弟姐妹辈 | 子女辈 | 祖父母辈 | 孙儿孙女辈 |
|---|---|---|---|---|
| 父亲、母亲及他们的兄弟姐妹和堂、表兄弟姐妹 | 自己及自己的亲、堂、表兄弟姐妹 | 自己的儿女及他们的堂、表兄弟姐妹 | 自己的祖父母及他们的兄弟姐妹和堂、表兄弟姐妹 | 自己的孙子、孙女及他们的堂、表兄弟姐妹 |

由表3-1可见，妈爸、弟兄姐妹、儿女、爷奶、孙子、孙女辈分上称呼都具体化了，其他亲戚无具体精准称呼。例如，在妈爸辈中，爸爸用father，妈妈mother，对父母弟兄姐妹则一律为cousin。另外，英语中同辈亲戚称呼无大小之分，如brother既可以为“兄长”，又能意为“小弟”，uncle既为“伯伯”，又能为“叔叔”等。可见，英语亲戚称呼系统不会区分妈妈或爸爸方面，而仅区分辈分即可关系。因此，英语中仅仅有13个亲戚称呼名和个别形容词。

汉语亲戚称呼系统详尽而全面，属于叙述式系统。其构造层次依据为上古传承的“九族五服制”，既含有由血缘关系产生的亲属群体，又含有由婚姻关系产生的配偶亲属群体。因此，汉语中的亲属称谓详尽且精确，可以判别直系亲戚和它系亲戚、妈妈方面和爸爸方面亲戚，也能区分年龄大小。

（1）血亲姻亲差异。英语亲戚称呼系统在结婚和血缘亲戚称呼之间无明确界限，如英文中爸爸的弟兄、妈妈的弟兄皆可用uncle一词来表达。

汉语言中遗留了封建社会的痕迹，中华民族尤其重视血缘亲戚裙带。如叔叔（血缘亲戚称呼）、妹妹（血缘亲戚称呼）、姐夫（婚姻亲戚称呼）、弟媳（婚姻亲戚称呼）、哥哥（血缘亲戚称呼）、姑父（婚姻亲戚称呼）等尊称方式不同。西方人以自由和平为目标，西方家庭的亲戚都是平等的，互相沟通也很自然。因而英语中的亲戚亲属称呼一般和姓氏连在一起。

汉语则截然不同，中国自古以来就有敬重长辈的传统品格，自然表现在称呼上也是用尊称来表示尊重。如中国人称呼亲戚中的长辈时使用敬称，对不具有亲属关系的长辈时，采用亲戚称呼来敬称，如王大爷、张阿姨等。

（2）宗族观念差异。英汉称呼蕴含一定宗族概念，具体表现为英语称呼中

❶ 胡蝶. 跨文化交际下的英汉翻译研究［M］. 长春：东北师范大学出版社，2018.

的宗族观念较弱，汉语称呼中的宗族观念较强。

西方人追求个性解放，所以宗族观念不太明显。这一特点在亲属称呼中体现得尤为明显。英语中的uncle、aunt、cousin不能表示长幼顺序，这种模糊的表达说明西方人对待亲属关系看得没有中国人那么重。

汉语中有很强的宗族观念，并且这种观念常与姓氏相联系。例如，伯叔与姑母属于爸爸方面亲戚，舅舅与姨母则属于母亲方面亲戚，因而伯叔的子女则加上"堂"，表示其同称呼者"我"属同一宗族姓氏，姑母的子女和舅舅、姨母的子女则加上"表"，表示其同称呼者"我"的姓不同，不属于一个宗族。汉语亲戚称呼能明确体现出称呼与被称呼者之间的关系，而英语中的uncle、cousin、aunt等则不能表达得这么准确。

（3）长幼辈分差异。英语亲属称谓语仅有表示祖孙三代的词语与汉语的相对应，即grandfather、grandmother、father、mother、son、daughter、grandson、granddaughter。而在表达祖父的爸爸或孙子的儿子时，就要加上形容词great，或将great与grand叠加使用，如great-grand-father。一般来说，英语亲戚称呼的长幼之分都很不明确，不会像汉语加上数字排行的称呼。

中华民族的亲戚称呼是相当精确的，会因辈分的差异而迥异。现代亲戚称呼中的23个核心称呼是子、女、兄、弟、母、父、夫、妻、姐、妹、嫂、媳、祖、孙、姨、侄、甥、岳、婿、伯、叔、姑、舅，并且都有辈分含义。另外，中国人长辈和晚辈之间的称呼也是很仔细的，长辈可以直接呼叫晚辈的名字，而晚辈则不能这样做。

另外，即使是同辈的亲戚，互相之间的称呼也会因年龄大小而迥异。如，古代媳妇称丈夫的哥哥"兄公"，叫丈夫的小弟为"叔"，叫丈夫的姐姐为"女公"，叫丈夫的小妹为"女叔"。

### （二）英汉称谓的翻译

#### 1. 亲属称谓的翻译

（1）父母辈称谓翻译。对英汉语言中父母辈称谓可以直接进行翻译。例如下面译例：

**原文：**当下贾母一一指与黛玉："这是大舅母；这是二舅母……"

（曹雪芹《红楼梦》）

**译文：**"This'she said you're your elder uncle's wife. This is your second uncle's wife..."

（2）子女辈称谓翻译。在翻译英汉语言中子女辈称谓时，可以采用字面翻译法。例如下面译例：

**原文：**一日到了都中，进入神京，雨村先整了衣冠，带了小童，拿着宗侄的名帖，至荣府的门前投了。彼时贾政已看了妹丈之书，即忙请人相会。

（曹雪芹《红楼梦》）

**译文：** In due course they reached the capital and entered the city. Yucun spruced himself up and went with his paces to the gate of Rong Mansion, where he handed in his visiting card on which he had styled himself Jia Zheng's "nephew".

（3）兄弟辈称谓翻译。

例如下面译例：

**原文：** 黛玉虽不识，也曾听母亲说过，大舅贾赦之子贾琏，娶的就是二舅母王氏之内侄女，自幼假充男儿教养的，学名王熙凤。黛玉忙赔笑见礼，以"嫂"呼之。

（曹雪芹《红楼梦》）

**译文：** Though Daiyu had never mether, she knew from her mother that Jia Lian, the son of her first uncle Jia She, had married the niece of the Lady Wang, her second uncle's wife. She had been educated like a boy and given the school-room name Xifeng. Daiyu lost no time in greeting her with a smile as "cousin".

（4）孙子孙女辈称谓翻译。英汉语言中的孙子孙女辈称谓也能采用字面翻译的方法进行翻译。例如下面译例：

**原文：** 逢年过节，孙子、外孙、孙女儿、外孙女儿们都来看望她，好不热闹！

**译文：** During festivals, grandsons and granddaughters come to see her. How lively it is!

2. 社交称谓的翻译

（1）对等翻译。翻译英汉语言中社交称谓时最常用的方法就是对等翻译。例如：

**原文：** 方博士是我世侄，我自小看他长大，知道他爱说笑话。今天天气很热，所以他有意讲些幽默的话。

（钱钟书《围城》）

**译文：** Dr. Fang is the son of an old friend of mine. I watched him grow up and I know how much he enjoys telling jokes. It is very hot today, so he has intentionally made his lecture humorous.

（2）改写翻译。英汉语言中的社交称谓可能是不对应的或不对等的，因此，译者要进行一改写，方便让更多的目的语读者理解和接受。例如：

**原文：** 刘东方的妹妹是汪处厚的拜门学生，也不时到师母家来谈谈。

（钱钟书《围城》）

**译文：** Liu Dong fang's sister, a former students of Wang Chuhou, also dropped in someting to see her, calling her "Teacher's wife."

原文中的"母家"在英语中没有与之对应的词语，译者根据上下文的内容得出"母家"是指师母，也就是老师的妻子，最终将其译为Teacher'swife。这样，不仅清楚地传达原文的含义，还贴切地体现出师母与学生之间的关系。

## 八、居住文化的翻译技巧

居住文化主要研究民间建筑。民居、仓库、地窖等都属于民间建筑，从民间建筑能看出国家的民族文化与生产方式。

### （一）英汉居住的文化对比

#### 1. 西方居住文化

纵观西方历史，民族种类有许多，不同的民族有不同的建筑风格，所以西方的居住文化具有多元化特点。下文借助英国民居和美国民居叙述西方的居住文化。

（1）英国民居。在英国人的观念里，房屋是私人空间，所以英国人在选择房屋时通常选择安静、偏远的地区，并且和邻居的房屋之间也用绿植等隔离。

在英国的20世纪60年代，因为住房问题政府修建了许多高层公寓，但由于高层公寓的隐私性差，所以高层公寓并没有受到人们的欢迎。在20世纪70年代时修建的房屋比较矮小，所以一般钱财富裕的英国人都会在郊区买一套独立或半独立的小楼，这样他们就可以生活得安静并且舒适。

从当前看，英国人一般会购买独户或带阳台的平房，主要有以下原因：

第一，独立式。独立式房屋有自己的院子、花园和车库，独立居住，安静舒适。

第二，半独立式。半独立式是指两座房子相邻，但有低矮的围墙隔开，住户之间不打扰对方。

第三，排房式。排房式是指每两所房屋共用一堵墙，房子中间没有相隔的墙等，所以房屋的隐私性比较差但是价格相对便宜。

（2）美国民居。美国民居主要有以下类型：

第一，别墅。别墅有三种类型，即独立式住宅、合并公宅、公宅。一般来说别墅都具有游泳池与网球场，一般地处郊区，适合经济条件较好的人居住。

第二，活动房。活动房即可自由活动的房屋，房屋内设施完备，一般由木板或铁皮为原材料，十分具有个性。

第三，公寓。公寓即许多户一起居住在同一栋楼里，但每一户都是独立的，并且屋内的设施条件较好。公寓所建的位置一般为城市，公寓的购买价钱较低，所以适合经济水平不高的人居住。

2. 中国居住文化

中国的领土面积宽广，自然环境多样化，所以各地都有不同的居住文化，主要体现在以下方面：

（1）上栋下宇式。上栋下宇式房屋的地基原料主要是土、木、石，坚实牢固。这种民居的设计和我国古代的封建制度有关，是我国特色民居中的代表性建筑。虽然上栋下宇式民居在全国有很多，但是各地的建筑形式都有自己的特点，例如环形的客家围楼和四方形的北京四合院等。

（2）洞穴居。洞穴居利用天然洞穴改造而成，这类民居的历史十分久远。人们从天然洞穴过渡到人工开凿洞穴，利用自然环境修建民居，现存在的洞穴居代表有黄土高原的窑洞等。

（3）帐篷式。游牧民族居住帐篷颇多，现如今也有许多旅行爱好者在登山或郊游时居住帐篷。帐篷有很多种，既有长期的也有临时的。一般常见的帐篷有圆拱形、圆锥形、方形等。帐篷的建筑材料也有很多种，有布匹、羊毛、桦树皮、兽皮等。在我国西藏、青海、甘肃的藏族、西北地区的哈萨克族、东北地区的鄂温克族、达斡尔族、蒙古族现在依然以居住帐篷为主。

（4）干栏式建筑。干栏式建筑主要分布在我国云南、贵州、广西等地。此类建筑是在底架的基础上修建的，底架与地面有一定距离，主要建筑材料为竹子或是木头，这样的设计能够防潮、防虫。干栏式建筑通常有上下两层，楼下用来养牲畜或堆放杂物，楼上为居住场所，从干栏式房屋的特点能够看出当地居民的生活特点。

## （二）英汉居住文化的翻译

概括而言，在进行英汉居住文化的翻译时，应注意二者在建筑材料、建筑结构、建筑布局、建筑理念等方面的差异，并灵活运用意译法与释义性翻译法。

1. 居住文化的意译

中国建筑气韵生动，温柔敦厚，充分体现出温和、实用、平缓、轻捷的人本主义特征。有效运用意译法可以更好地向译入语读者展示中国文化的意境[1]。例如：

进入三层仪门，果见正房厢庑游廊，悉皆小巧别致，不似方才那边轩峻壮丽；且院中随处之树木山石皆在。

一时入正室，早有许多盛妆丽服之姬妾丫鬟迎着，邢夫人让黛玉坐了，一面命人到外面书房去请贾赦。

（曹雪芹《红楼梦》第三回）

[1] 滕静雅．浅谈英汉翻译中的长句翻译［J］．海外英语，2019（12）：46－48．

For when they had passed three ceremonial gates she saw that the halls, side chambers and covered corridors although on a smaller scale were finely constructed. They had not the stately splendor of the other mansion, yet nothing was lacking in the way of trees, plants or artificial rockeries.

As they entered the central hall they were greeted by a crowd of heavily made-up and richly dressed concubines and maids. Lady Xing invited Daiyu to be seated while she sent a servant to the library to ask her husband to join them.

（杨宪益、戴乃迭译）

2. 居住文化的释义性翻译

通过中国民居可以感受到鲜活的生活气息。这些建筑不仅曲线优美，还常常通过细小之处来表达生活情趣。因此，对一些具有特定含义的建筑名词进行解释就显得非常必要。例如：

请韦四太爷从厅后一个小巷内曲曲折折走进去，才到一个花园。那花园一进朝东的三间。左边一个楼便是殿元公的赐书楼。楼前一个大院落，一座牡丹台，一座芍药台，两树极大的桂花正开的好。后面又是三间敞榭，横头朝南三间书房后，一个大荷花池，池上搭了一条桥。过去又是三间密屋，乃杜少卿自己读书之处。

（吴敬梓《儒林外史》第三十一回）

Presently he led Mr. Wei by a passage from the back along a winding path to the garden. As you went in you saw three rooms with an eastern exposure. A two-storeyed building on the left was. The library built by the Number One Scholar, overlooking a large courtyard with one bed of moutan peonies and another of tree peonies. There were two huge cassia trees as well, in full bloom. On the other side were three summer houses, with a three-roomed library behind them overlooking a great lotus pool. A bridge across this pool led you to three secluded chambers where Tu Shao-wing used to retire to study.

（杨宪益、戴乃迭译）

# 第四章　美学视野下的翻译探索

翻译有一定的技术性，技能操作有一定的经验性，但精美的翻译则无疑是种语言艺术品，高层级、高品位的翻译更是一个值得人们为之奋斗终生以求企及的艺术境界，这是中外古今翻译界的共识。基于此，本章重点论述美学与翻译美学、翻译审美中的矛盾、翻译审美中的主客体以及翻译审美的价值论。

## 第一节　美学与翻译美学概述

### 一、翻译学隶属美学

翻译（翻译活动或翻译行为）伴随人类文明的发展和人类文化的交流而诞生。但研究翻译的翻译学（研究翻译的科学，Translatology 或 Translation Studies，简称 TS，西方较常用后者）究竟属于什么学科？到目前为止，中外翻译界为数不少的人对此并无共识，认为翻译学这个“学科归属问题”还没有解决的人至少占业界人士的一半。“翻译学”应该属于哪个学科领域？应该属于普通语言学还是应用语言学？应该属于美学还是语言哲学？国外很多大学只是将“翻译学”（Translation Studies）归属到“人文学科”，列入“人文学院”（The Humanities）。很显然，这个基本定位问题不应当长期悬而不决，否则必然影响翻译学的发展。应该说，“翻译”之所以一直没有赢得应有的社会地位与学术地位，绝不是因为它没有做出世人瞩目的贡献，而是与它本身的“定位失落”（Lost in Siting/Placement）有密切的关系。“定位失落”招致社会认同的失落几乎是不可避免的后果。❶

不言而喻，对任何一门学科而言，定位问题也就是学科归属问题，牵涉到发展前景，显然是至关紧要的。世界上很多“结论”其实都还是胡塞尔现象学所谓的“未结待论”，但世人却很可能不假思索地拿它当“当然结论”。比如，正是由于不少人过于自信地认为“翻译学当然属于语言学或应用语言学科”，因而使翻译学的发展（特别是理论的拓展）不可避免地受到影响。有些翻译自学者急于提高翻译水平而埋头研究语言学，结果越学越糊涂，因为语言学只告诉他们认识语言的认识论，语言学中没有他们需要的基本方法的方法论，语言学是不讲

❶ 刘宓庆，章艳．翻译美学教程［M］．北京：中译出版社，2016．

语言审美的。事实上对“翻译属于语言学”这个“当然结论”，长期以来，很多翻译教师（包括译界前辈）一直存疑，而且一直在思考、研究，力求科学地论证翻译学的科学定位问题。

将翻译定位为“属于语言学或应用语言学”是一个“历史的误会”。按照这个错误的定位，“翻译”在体制上一直隶属于外语系或外语学院，有的地方竟由完全不懂的行政主管掌管翻译教学，“翻译发展策略”“翻译（课）”实际上被安排在外语系，充当为外语打基础的一种技术方法。翻译学科完全失去了起码的自主性。进入21世纪以来，翻译系在我国纷纷成立，但作为外语科系“附庸”的“体制性定位”并没有什么变化，语言学课程在翻译系课表中占支配地位的情况丝毫未变。在中国的大学里，将“翻译系专业教育”（以翻译作为专业的翻译教学）与“外语系翻译教学”（以翻译作为外语语言基本功训练手段的翻译教学）混合教授，“翻译系专业教育”也并没有专业特色和自主性，而是守住属于语言学模式的一些课程安排翻译教学。

20世纪80年代在我国的美学热及随之而起并蔚然成风的美学学习热潮，大大推进了国人审美意识的觉醒和理论认知能力的提升，知识界和学术界则更得益于美学对认识论和方法论的改进。这些积极因素也促使《翻译美学基本理论构想》《翻译美学导论》等初阶理论出版面世，从而强化了翻译教学和翻译美学研究的动力。

这期间很多我国外语教育界前辈和美学大师也纷纷发声倡导翻译教学和翻译研究不应忽视美学，他们的言传身教对唤起人们的翻译观“回归美学”（Back to Aesthetics）起着很大的激励作用。有关翻译与语言美学的立论和主张对翻译美学理论的建设和发展影响尤深。

## 二、语言学在翻译学中的限制

翻译学的美学模式是翻译学的基本模式、内核模式，它涵盖了翻译学最具本体论性质的基本问题——语际的语言优化再现。很显然，翻译学的语言学模式只是翻译学的三大基本模式（翻译美学模式、语言学模式、文化学模式）之一，不属于翻译学的本体性模式（Ontological Model），只是支持性模式（Supportive Model）之一。当然，翻译学的语言学模式也是翻译学的基本模式之一，但相比美学模式，它仍然处于次要地位。根本原因在于，语言学只是翻译学的认识论、方法论工具之一，它不能解释和解决翻译学的深层理论问题，达致终端的语言优化再现。

具体而言，在理论层面，语言学无法解决翻译学深层研究的以下几方面问题：

（1）词语翻译的意义辨析、定夺和调节，即“意义内涵与表现/再现形式”

的多维度语际转换机制：原因是这个机制的本质特征基本上是审美的（aesthetic），而不是语言学的（linguistic）；重交流中的语感和约定俗成的用语规范，而不重语言理论论证和语言结构分析。在翻译中，在什么微妙的情境下，用什么精妙的词语，只有语言使用者在交流实践中获得的审美感性才能参与定夺。翻译要把握的是交流中的动态语词意义，而不是语义学中的静态分立意义，也就是常说的"词典意义"。

（2）语言文本的意蕴（言外之意 meaning beyond the words；significance；implications）的定夺、鉴析、转换和调节：原因是意蕴分析的本质特征常常是超语言的（beyond language），是审美的（aesthetic），而非语言学文字结构（verbal structure）所能企及。

（3）文本的情感、情思、情态、情志的定夺、鉴析、转换和调节：原因是这些问题都属于文化心理和文化审美范畴（aesthetic categories），与语言学无关。

（4）语言美的文化本质辨析和文化现象鉴析和转换：语言的文化民族性是语言表现的基本特征，因此说"语言基本上是民族的"，语言中充满了民族文化符号。"I think therefore I am"（Descarte，旧译"我思故我在"，是根据法文的误译，笛卡尔拉丁语原句的意思是："通过思考我才认识到自己的存在"）这个句子很简单，但却表现了笛卡尔追求完美理性的复杂的文化时代背景和哲学理念。语言学不研究思维，也不研究特定的语言文化现象和语言文化价值观问题，但这却是翻译美学的重要任务。

（5）翻译的社会功能分析以及文化战略价值分析和评估：明清的科技翻译蔚然成风就是时代的战略诉求，与语言学无关。

（6）翻译读者的审美接受和翻译接受的对策论研究：读者的接受基本上受制于外域文化与本域民族文化传统的契合，受制于读者的语言文化审美诉求与译语所反映的语言审美价值观的契合。在这一方面上，翻译学的读者接受研究与语言学的相对论是有汇合点的：科学语言学也在寻求语言学本域化的发展路径。现代汉语语法就是以近代—现代—当代汉语为母语的读者接受为基准而进行的语言学本域化研究成果。所谓"雅俗共赏"基本上是个审美价值观问题。

（7）思维方式与风格及翻译审美再现法实务与理论：原因是语言表现法固然与语言特征有关，但在最基本的层面常常更与民族文化心理和审美心理相通、相连。汉语说"去也行，不去也行，无所谓"（完整句），英语不可以这样说，一定要确定谁是主语。又如被动式的使用，汉英差异很大："我深信"（反映汉语的主体化陈述式），而英语则是"I am convinced "（反映英语的客体化陈述式，convinced 实际上是个表语），汉英两式无所谓优劣，而是折射出民族文化心理倾向与语言审美价值观的差异。同时，由于英语具有名词优势，被动意念常常可以涵盖在名词中，这都牵涉深刻的语言文化心理乃至哲学思维差异，完全超出了语言学的研究领域。

翻译、翻译研究、翻译教学应该在回归到美学的道路上着力于重建，那是整个学科的一种“审美重建”（Aesthetic Remake），是使“漂移的翻译学”永远不再漂移的现代化重建。

就现代翻译学而言，翻译美学模式应该是翻译学基本模式中的内核模式，很多基础课程都必须围绕这一内核模式设置。其次是语言学模式，围绕语言学模式设置的基础课程无疑也是不可或缺的。除此以外就是几个支持性模式，如文化符号学模式和诠释学模式，也许还可以加上一个传播学模式（尤其是口译）。这说明，翻译学具有广泛的综合性和开放性。但毫无疑义，翻译学的基本属性是“美学的”（aesthetic）。

从国际关系力量对比的变化以及世界多元文化发展的愿景来看，21 世纪中华文化和汉语的流通版图大大扩展、大大延伸，这是没有任何疑问的。中国已在全球化大趋势中找到自己的位置，重新掌握自己的命运，中华文化得以全面复兴是一种历史的必然。中国的生产力和技术潜能从明末（公元 1644 年）开始已积蓄了 370 多年，蓄势待发，只要有机遇，这股磅礴的生产力潜能肯定会冲破一切障碍，开辟一个新世纪。

## 三、翻译美学中语言审美的特性

有语言使用就有语言审美的诉求；有语言审美诉求就有语言使用的规范。于是，语言运用（当然也包括翻译）就有了一个谁也无法回避谁的交汇点：语言审美。实际上，人类自从进入到非原始形态（或“后原始形态”，Post-primitive）的语言使用，就有了语言审美。从表面上看，语言使用只是句法生成的结果，但实际上，句法生成（Syntactic Generation，SG）离不开语言审美优化经验的“终端认可”，人们称之为审美认证（Aesthetic Attestation，AA）。人类语言的审美认证，源于经验即行之久远的“约定俗成”即语言“真善美”规范。于是 SG 与 AA 之间的关系，就如同“骨”与“肉”之间的关系，这种关系就是古代希腊哲学家所说的“语言生命力之源”。例如：句法生成（指按核心句生成）离开了审美优化（意义审美 + 形式审美），则是句子不合格，属于毫无意义的“语言非人文”表现式。

“句法”与“意义”二者相比，起决定作用的还是意义。语言生成与语言审美（意义的“真善美”）应该是永远相随相伴、相辅相成的。

### （一）语言审美的普遍性

人们有一些普遍的误解，认为“语言审美是文学翻译的事”，不做文学翻译，不翻译诗歌、小说、散文、剧本等就不必花心思和时间去“审美”。当然，这样想并不是完全没有道理，文学翻译的审美要求确实比非文艺文体要高得多。语言是人的高级认知活动，语言有语言的“法度”（也就是规范），而所谓“法度”就是不同程度或层面的语言优化——语言审美。

### （二）语言审美的强调性

1. 语言审美是学习主线

语言美学问题千头万绪，紧紧抓住语言审美这一切入点，从文字结构、语音结构、词和词句层面、语段和篇章层面以及超语言层级对汉英两种语言的美进行了层层扫描和分析。这种从“实”入手的方法，保证了翻译美学理论学习的实践性和可操作性，便于读者从语言的感性认识出发，全方位理解和感受语言之美，并逐渐形成自己的语言审美观。人的审美领悟始于也基于审美经验，因此从语言审美切入，也非常符合美学的基本科学和翻译学作为经验科学的原理。

2. 关注语言审美与翻译审美的价值需求

关注语言审美是本书的基本特色，这也是翻译美学的教学是否成功的关键。与此同时，作者还抓住了一个与语言审美关系最密切的理论问题——审美价值观论。价值是一种关系（主体需求与客体满足），是客体条件相对于一定的主体诉求而言的，因此它是具体的、有条件的。具体来说，审美客体客观存在的美必须通过审美主体的观察、了解、分析、体验、感悟、追问、解释和建构才能够表现其价值，这种价值因审美主体需求的不同而不同。本书明确地把价值观论引入到语言审美（Part Four）和翻译审美（Part Six）的讨论中，这对于形成正确的语际语言观和语际转换规范观具有十分重要的指导意义。

3. 使用不同方法突出重点

语言审美问题比较复杂，常常不易一蹴而就，因此不得不采取“曲径通幽”的办法。在不同部分和课题中对一些重点问题进行了不同角度的讨论，如翻译的“文采论”、翻译“审美价值论”“意象”“意境”“意蕴”和审美表现中的“择善从优”对策论原则等，采取了分散与集中相配合的办法，在不同的课题中，循序渐进，步步深入，便于读者把握。这样做既符合认知理论的思维规律，也符合循序渐进的教学原则。对另一些问题（如翻译的接受理论）则又采取了集中突破、一气呵成的办法，力求重点突出，以加深读者印象。

4. 坚持描写主义理论

坚持描写主义，不开处方，不定规则，而是以求实态度直面翻译中的语言现实和人的审美现实，给读者和研究者提供思考途径和运筹操作策略。翻译审美始于语言审美，成于审美表现，是理论与实践的高度统一。现代生活发展很快，语言现象层出不穷，人对美的要求和表现方式也必然在不断翻新。因此翻译美学理论体系永远是一个开放的体系。只要翻译实践还在继续，翻译审美就必然如影相随，人们对翻译美学的诉求、审美研究课题和目标的更新，也就要求人们的思维不断深化、不断突破陈规以求创新，以便承担和解决源源不断地摆在人们面前的新课题。

## 四、翻译美学的模式分析

翻译美学具有广泛的综合性，跨学科性。固然，翻译美学是一门新的学科，但翻译审美与翻译活动自始至终紧紧伴随，源自远古。

翻译审美古已有之，翻译与美学结缘源自远古。我国东汉时代关于“信言”与“美言”的讨论就是一种翻译审美探讨。概括而言，所谓“翻译美学”（Translation and Aesthetics；T&A）就是翻译学的美学模式，意思是用美学来观照翻译。翻译学还可以有很多模式，例如语言学模式和文化学模式，这些都是翻译学的基本模式；除此以外，翻译学还有许多专业性模式，如学术翻译模式、科技翻译模式、法律翻译模式等。

翻译美学模式应该是翻译学基本模式中的内核模式（kernel model），当然还有语言学模式，它是翻译学仅次于美学模式的支持性内核模式（supportive kernel model）。翻译美学旨在用审美理论描写翻译学的各项基本原理、操作原则和发展策略。美学是研究人的感性与理性相结合而以感性为主导的科学，因而具有很强的综合性，它既有审美判断、审美理解，具有智能性、理论性；又是经验的，具有很强的实践性、实用性。翻译美学也一样。翻译美学既关注审美感性在翻译中的关键作用，又重视审美判断和理解在翻译中的引导作用，它既有很强的理论性，有很多令人关注的理论课题需要探讨，又有很多实践性很强的问题，要求用实践加以阐述、验证、开发。

在翻译学中，翻译美学具有明显的本体论性质。对中国翻译学来说，它更不是翻译学的“周边领域”（peripheral area）、“附属部门”（an adjunct part）或“附加科目”（additional subjects）。如上所述，对中国翻译学来说，翻译美学模式是翻译学基本模式中的内核模式。

## 五、翻译美学的重要意义

翻译美学对中国翻译具有本体论的重要性质体现在以下几方面。

### （一）汉语是极其感性的语言

汉语的文字结构属于几何线条型，不属于回环线圈型，因此不具备形态发生机制。这是汉字乃至汉语的最基本的特征。汉语凭借人的最基本也是最奇妙的语言感性生成构建语言结构和意义结构，而不必与繁复的形态（形式）程序“丝丝入扣”；汉语的语法范畴基本上是个“以意义为核心、以词语为载体”的词汇表现系统（lexical representation），它总是让意义“左右逢源”而无须什么形式或程序来给它平添掣肘。最后，汉语的文字系统奇妙无比，它的每个字都具有表意的优美四声声调（以元音/韵母的抑扬顿挫变化为基础），从而形成了以“音—义”为轴心的句法程序，它本质上是一个审美认知心理过程。

### （二）哲学与美学的联系

中华文化具有明显的整体性（holistic，指各民族文化基本上统合在汉文化中，统称华夏文化）和整合性（integrative，指华夏文化是各民族文化与汉文化的有机融合但并未失去各自的特点、特色）。在中国的文史哲中，哲学对“文”与“史”的指导作用也很突出。这既是中国文化、中国译论的“源”，也是中国文化、中国译论的“本”。

### （三）继承并发扬翻译思想

人类人文思想和学说都有其历史发展的规律或轨迹。以中国哲学—美学为渊源和理论依托的中国传统译论，只能而且理应在新的历史条件下得到继承和发扬，而不能依靠任何外域学说来将它推倒、重起炉灶。近百年来所谓“西学为体、中学为用”的教训必须吸取，坚持以“中国价值”和“中国国情”为依据，以西方译学的成果为参照和借鉴，创建、发展科学的翻译美学，为世界译学做出贡献。

## 六、翻译美学的研究策略

### （一）翻译美学的研究方式

对翻译美学的研究有两种可供选择的方式：从美学理论出发换言之根据美学理论的系统序列来选择课题，展开研究，此为其一（Approach Ⅰ）；其二（Approach Ⅱ）是从翻译美学的要求出发，同时顾及学习者的翻译经验、理解水平或研究目标来选择美学课题。

1. 翻译的研究

（1）以语言审美及语际转换的审美理论需要为目标，对中西美学理论进行扫描分析，分清中西美学中林林总总的美学观点、理论、模式、流派等，按与翻译美学理论和实务的相关性选择课题。

（2）在课题选择上按译学的实际需要对美学进行深入、全面的扫描和探索研究，既具有对美学进行整体的、系统的观照的优势，又能充分顾及翻译的基本需要，因而可以使译学研究者对美学的认识论和方法论意义有循序渐进的把握，对美学的本体论问题也有一个大体的了解，又没有损及翻译学的系统性，从而使译学与美学二者做到互释互补、相得益彰。

（3）“翻译美学”设置的目的和目标是以美学为认识论和方法论来观照译学，换言之，“翻译”是“体”，美学是“用”，而不是相反。将审美理论与翻译实践相结合，终极目标则是建立翻译美学，而不是像有些人误解的那样“以翻译为手段去研究美学”。

2. 美学基础的研究

（1）以中西美学的理论框架为依据，对本学科课题进行布局，优点是顾及了美学理论体系的主体性和完整性，缺点是难以顾及翻译学基本理论的需要，不可能保证翻译基本理论的相对系统性。

（2）对语言审美这个经验性（empirical）、实践性很强的课题可能产生冲击，而语言审美恰恰是翻译美学的基本任务和核心课题；此时，美学理论固然学了不少，但对如何以审美理论来审视语言美并进行语际转换这一基本任务却可能达不到要求。

（3）实际上，这样不仅仅翻译审美的目标难以达到，而且从美学中能学到多少都很值得怀疑。因为，中西美学范围很宽，基本课题很多，在选择上很难做到全面系统。

（4）对翻译美学而言，美学的认识论意义和方法论意义远远大于它的本体论意义，任何学科看待它的相关学科都离不开“相关性”这个本位功利观。如果舍“本”求“利”，这个“利”也是相当有限的。

### （二）翻译美学的研究方法

研究方法是十分重要的，尤其是对初创的学科而言，好的方法可以事半功倍。因此提出以下几方面可供研究的原则性意见。

1. 审美理论研究要紧跟时代步伐

从语言审美切入研究翻译美学有一个“预设条件”，即：研究者已经具有相当程度的中西美学基础知识，而基础知识则是完全可以靠自学获得的。学习者如果自感眼下美学常识薄弱，也完全可以用两三个月的强化阅读，来弥补本身之不足。当然还可以带着问题来选择审美理论自学。如果是全程自学，制订一项计划是很有必要的。

关键是理论结合实际，这里的实际当然是指翻译中的语言审美实际。从翻译审美的角度看，翻译中可能有以下实际的译语审美操控问题：

（1）怎样判断一个词美另一个词不美；有哪些标准可循；“语感”是否可靠。

（2）怎样判定这个句式比那个句式更合适，比如，在哪种情况下被动句式比主动句式更合适；涉及哪种审美问题。

（3）怎样保证语言的效果；如何判定用这种口气比用那种口气翻译这段话

更有效果，比如，原文用第一人称说话，译者却把它改成了第二人称，是出于哪些原因。

（4）怎样表现一篇文章里蕴含的情感；读了译文，感到译者没有把原作者的欢快、喜悦、哀愁、悲愤等充分地表现出来，其失误在哪里；打算怎样重译。

（5）怎样决定一篇译文的翻译风格；翻译风格选择有哪些原则。

作为译者，必须解决诸如此类的语言审美问题。这时，需趁热打铁，阅读理论书。经验证明，这时候读的理论书，几经努力找到的理论解释，记得牢、看得准，这就叫作豁然开朗。

总之，必须以语际语言审美为目标、以学以致用的理论学习为主轴来组织整个研究计划。好的学习研究计划是一种保证。中西方美学理论犹如浩瀚大海，有计划人们就不至于掉落在理论的海洋中没办法自救。

2. 通过相关性选择研究课题

“相关性”（Relevance）与“选择性”（Selectiveness）是人们对待美学理论的关键词。

“相关”是指与翻译相关，但美学中与翻译相关的地方很多，这就需要“选择”，换言之要有比较，从比较中选出对翻译意义最大或较大的理论观点。原则有以下方面：

（1）具有启发性（Enlightenment）：有些美学理论或观点很抽象、很“玄”，似乎没有任何可操作性，但它们对翻译确实具有毋庸置疑的启发性。

（2）具有类比性、类推性（Analogicalness）：有些美学理论和观点与翻译研究者所论，如出一辙。如“审美标准”问题与“翻译标准”问题实际上很接近，美学家的探索性阐发，显然有助于翻译学。

（3）改建功能（Reformativeness）：有些美学理论或观点较为深刻，足以改变偏见乃至认识误区。例如，中国文论一向认为“模仿”（Mimesis）不足取，而西方美学传统则素来重视模仿的意义。这就可以使得中国美学“再思考”对模仿的偏颇态度；中国美学中的“意象论”“意境论”也给西方很多大师启示，对诗歌艺术进行“再思考”。

（4）适用性强（Applicability）：有些美学理论实用性、操作性很强，很值得翻译学按本身需求加以借鉴。

3. 坚持在翻译实践中学习翻译审美

从语言审美切入研究翻译美学比从学美学理论切入更有效，更符合科学规律。

翻译植根于实践，翻译学植根于对语际转换实务的理论描写之中，翻译审美活动属于衍生性活动（derivative activity），不是原生性活动（primitive activity），它衍生于语言审美。翻译之美是语言审美的过程和成果，而不是美学理论的组成部分；美学理论所起的作用在于提供优化（Optimization）手段，包括：①理解优化（Interpretative optimization）；②表现优化（Representational optimization）；③接受优化（Receptional optimization）。因此，很显然，从语言审美切入的做法比较科学。美学是研究感性的科学，翻译美学也不例外。为了培养语言美感，应该鼓励学习者研究自己最喜爱的范文（model essay；model writing），而且最好是双语对照的范文。

4. 坚持描写主义理论研究与发展

“真知来自实践”，而人的实践经验是一个永远不可能一蹴而就的开放过程。因此，翻译美学必须采取务实的、“面对语言文化现实”的态度来描写语言审美，来探索语言应当如何加以优化的问题，包括这一过程的机制、特征、条件、结果（product）、变异（variation）和效果（effect），从而审慎地推衍出“描写性语言优化规律”。从全局来看，人们也必须遵循并贯彻描写主义的原则来创建翻译的审美理论，创建翻译美学理论体系，及至整个翻译美学学科。因此在研究中要特别强调：①要切实观察语言审美的普遍性和特殊性，审慎鉴别常规实例和特殊实例；②关注文化审美价值观的历时发展和共时发展，实际上，世间没有一成不变的文化审美价值；③历史地、实事求是地看待美学理论的权威性和相关性问题。迄今为止中西方的审美理论都是审美经验的产物，而审美经验则是不可能“一蹴而就”或“就此告终”的开放过程。因此不要把中西方美学现成的理论看成规定、规则、定理、公式等僵化概念。

## 七、翻译的审美再现

### （一）翻译审美的创作实施过程

翻译审美的创作实施过程可以分为四个阶段：① 虚静观览。以审美为目标对客体的观察；以直观凝注审美对象。对翻译而言就是潜心的阅读理解过程。② 主客互动。对翻译而言表现为不断就原文提出疑难问题、解决疑难问题。③ 意象成形。反复推敲形成的译文初稿。④ 艺术再现。对翻译而言就是提出优化的译文。

翻译审美就是为落实到跨语言文化的审美表现。翻译审美表现的终极要求是做到尽心尽力用译语去再现原语中的美。翻译美学是为译语择善从优的审美表现而努力。

在英语中，“审美表现”与“审美表象”都是“aesthetic representation”，但在汉语中，二者的意义是不一样的。“aesthetic representa-tion”最好译为“审美再现”，侧重点落在双语的表现转换过程和表现结果。下面从“审美表象”讲起。

“表象”原本是个哲学术语审美表象的基础是感知，由感知形成具有一定概括性的感性形象，就是“审美表象”，用英语来解释就是“image vividly retained in memory”（生动地保存在人的记忆中的意象或形象）。因此表象是审美心理活动中从“意象或形象保存”到“意象或形象再现”的一种过渡形式，以某种经过选择的形式再现出来，所以人们称之为“艺术再现”。在人的审美心理活动中是先有头脑里的审美表象，才有语言中的审美再现。

审美再现是主体审美观览的终端，无论翻译主体如何，最终都要落在审美表现上。

### （二）翻译审美的再现方法论

#### 1. 英语审美表现法

英语有700多年的历史，流通使用版图极为广阔，文化沉积相当深厚，审美价值标准与汉语的不尽相同。英汉同样是具有悠久历史的语言，存在差异的基本原因如下：

（1）“字”的个体结构方面。构成语言的基础单位是字。而且在英汉文化中，字体结构上的差异也非常大。最主要体现在形和音这两个方面。详细来说，虽然说汉语的字和英语中的 word 都是字的含义，表示的功能也一致，但是二者地位却有着较大差异。从语言美的构建和生成角度来看，汉字作用是英语的 word 所不能比拟的，汉语中的字不管是在构造形态上，还是结构美态上，都比 word 要具有优势，更容易形成对称美和对仗美。而且汉字本身具有非常独特的意象美，而英语的 word 仅仅是一个符号代码而已，是自然形成的一种约定[1]。

（2）英语更多体现一种形态语言的特征，被各种各样形态机制所影响，因此也很难在英语中获得超形态的审美体验。

（3）英汉文字的产生都经历了一个非常漫长的时期，其文化传统也有着非常显著的差异，特别是历经各个时期语言美的沉淀和打造，虽然在表现手法上有所差异，但这两种语言都各具特色、各有魅力。这也就在翻译中出现了新的技巧，即对策论思想，这种思想立足于英汉两种语言各自的特色，从而体现出它们各自的魅力和审美意识。

英语语言美的形态有三个结构层次的体现，而且各个层次的表现方法各有不同，一般来说，词语级体现在第一个层面上；句法级体现在第二层面上；语篇级体现在第三个层面上。对英语的审美表现手法，都是从这几个层面出发的。对这三个层面进行审美方法的研究和探索，对于翻译审美水平的提升具有重要的推动意义。

#### 2. 汉语审美的表现法

中国文章对表现手法的运用非常重视，一些章法和观念沿用至今，其操作性

---

[1] 魏泓. 审美主体在文学翻译中的审美表现 [J]. 淮北煤炭师范学院学报（哲学社会科学版），2007（6）：122－124.

和生命力都非常强大，这是中国几千年文化和审美意识的聚集，更是数千年文学创作中审美经验的传承和发扬。中国文章中采用的表现手法可以总结为七个模式，具体包括以下内容：

（1）立意。即明确创作的思想，理清思路，这是创作的基础任务。而对于翻译工作来说，就需要先对原著的思想和意义进行整体把握，甚至是超文本的内涵也要有一定把握。除此以外，立意还要体现出原著的中心意思和主旨。翻译前要对原著内容进行深入了解和把握，若是译者都不能很好地把握住原著的中心思想，那就无法将这种主旨思想传递给读者，导致读者读后不知所云。当然译者不仅要理解原著的意思，了解作者的创作意图，同时还要对文章思路进行梳理，从而才可能以目的语的表达习惯和思维方式进行创作翻译。

（2）辨体。体在汉语中主要是体裁的意思，而在英语中一般是指语言形式。在进行翻译之前要明确好两个问题：一是原著的功能、类别和等级的内容，并确定好体裁是议论文或是叙述文。相比较而言，议论文更为正式和严谨。至于其他文体就更容易区别了；二是明确原著体裁，翻译过程中不能忽略原著的这一项本质特点。

（3）谋篇。这一步骤是要对句段进行结构性创作，保证文章的整体布局和组织结构都符合要求。译者若是发现原著中组织程序有所偏差的话，也可以进行恰当补充、删减或者修改等，使文章整体布局更为合理。中西文化差异导致文章结构会出现结构形态差异，在翻译过程中没必要全部按照中国化的思维进行，最主要是把握一个度，让整体结构维持在一个平衡的状态。[1]

（4）炼字。用词是创作中最基础和前提的工序。在词语上要做到三个标准，即精、美和准。而在此基础上进行扩充的话，就是炼句了。也就是要可以从句中看出中心思想来，看出意境来。若意境无法确定，那么用的句子也肯定会出现问题，从而造成语法结构上的错误和偏差。

（5）改疵。这里主要是指对文章中的错误和偏差进行修改和完善。翻译过程中，错误和偏差是不可避免的，因此这步工作也不能忽视。从翻译角度来看，这一步工作的主要目的是确定译文和原文的语义要一致。要遵循的准则是：首先是文章用词要精练；其次是表达要通俗自然；最后是要生动有趣。

（6）蕴意。这就要求对文章的含义进行深化和升华。使文章整体上更具可读性，并对原著所创造的意境进行拓展和深化。文艺题材的文章，其本质就是意象的创作，但意境有时也会有所缺失。意境需要结合各种意象，从而达到一种艺术境界的体现，所以需要译者在翻译过程中对原著意境进行深入和细致的体会，这样才能在翻译过程中有所突破和创新，才能创造出有思想、有内涵的译文。

---

[1] 廖越英. 审美客体与主体在文学翻译中的体现［J］. 新疆财经大学学报，2011（2）：48－51.

（7）定格。所谓格也就是风格、气韵和风味等，是文章所体现出来的功能和类别的不同，要求在翻译时坚持实事求是的原则。

### （三）翻译审美的调节

#### 1. 翻译审美调节的作用

交流中的意义输入与意义表现通常不是一回事，原因是交流中的意义受制于语用目的，表现上必须加以调整，经过调整以后的意义表现承载语用目的，因而叫作语用输出。审美调节属于语用输出中的调节。

在翻译美学看来，凡是涉及审美理解和审美表现各个环节，都有必要实施审美调节。这是因为，人类翻译审美运作基本上都凭借感性的参与，感性是人文的，不是机械的，不可能不发生偏差。审美调节可以起到及时弥补偏差的作用，有助于提高译语的行文质量。

审美调节在翻译审美的以下阶段都有不可忽视的积极作用：

（1）语义解码的准确性调节。译者在审美理解中的失准乃至失误都是十分可能的。在文本视听符号解码、句法结构形态解码、意义—意象—意境含蕴解码、风格审美解码、文化特征解码等环节，译者都不能保证他的初始状态的理解完全准确到位，连最佳骑手都有遭遇马失前蹄的时候。这时的审美调节就非常必要了。王维的诗句“深林人不知，明月来相照”写的是高逸的自然景象中的寂邈状态，与原诗中潜隐的“我”并没有什么直接关系，这种将“人”的主语潜隐的手法，目的在突出“物”的意境，在汉语中很普遍。译者把“我”潜隐一半，就形成了下面的结构调节：

No ear to hear me, save my own,
No eye to see me, save the moon

但在“深林明月”中“深”“明”相互映衬，是王维此诗中的重要意象，译者的英译使这个“深林”意象残缺，这样一来潜隐之美的强度就难免减弱了，在审美上是个意象与意境的把握问题。

下面所论的是英格兰的一首著名的民歌，语言具有鲜明的民歌特色：

Are you going to Scarborough Fair
Parsley, sage, rosemary and thyme
Remember me to one who lives there
She was once a true love of mine

Tell her to make me a cambric shirt
Parsley, sage, rosemary and thyme
Without no seams nor needle work

Then she will be a true love of mine

Tell her to find me an acre of land
Parsley, sage, rosemary and thyme
Between salt water and the sea strands
Then she will be a true love of mine.

Tell her to reap it with a sickle of leather
Parsley, sage, rosemary and thyme
And gather it all in a bunch of heather,
Then she will be a true love of mine.

Are you going to Scarborough Fair?
Parsley, sage, rosemary and thyme
Remember me to one who lives there,
She was once a true love of mine.

诗中有很多语句结构上跳脱，这是民歌为凸显节奏形成的特点，另外如双重否定等语言的非规范性也常常见诸民歌、民谣，这一切需要加以必要的审美调节：

你要去斯卡布罗集市吗?
别忘了那里的西芹、洋苏叶、女贞香和百里草。
斯卡布罗住着一个人，别忘了代我向她问好。
只因为她是我曾经的真爱，她知道啊，她知道……

请她给我做一件麻布短袄，
别忘了那里的西芹、洋苏叶、女贞香和百里草。
不用穿针，不用引线，不用裁也不用剪，
只因为她是我曾经的真爱，她知道啊，她知道……

请她给我找一块地，
别忘了那里的西芹、洋苏叶、女贞香和百里草。
就在那咸咸的水洼和海滩之间，
我曾经的真爱，她知道就在那儿天设地造……

请她收割时用老牛皮做的镰刀，

别忘了那里的西芹、洋苏叶、女贞香和百里草。
用石楠叶搓根绳将割下的茎茎草草捆起来，
只因为她是我曾经的真爱，她知道啊，她知道……

你要去斯卡布罗集市吗？
别忘了那里的西芹、洋苏叶、女贞香和百叶草。
斯卡布罗住着一个人，别忘了代我向她问好。
只因为她是我曾经的真爱，她知道啊，她知道……

诗中有很多语义跳脱和语言结构跳脱，影响对原语的理解，因此翻译中的审美调节在所难免。

（2）对原语风格的把握及表现的力度和精微度调节。风格调节的最高境界是确保原著令人难忘的余味、余韵。风格把握绝非易事，犹如一个人的风韵气度，可感而不可言。译者必须细心分析原作者与文章，掌握文中种种风格标志，聚焦为某种基本特征，并随时准备加以调整。

2. 翻译审美的调节技法

审美调节手段指一切可以用于调节审美表现的手段，包括视听手段、文字结构手段、修辞手段、句法等种种语言物质手段，是一个开放系统。从技法的角度看，包括同义易词 VS 转义译词、专用 VS 泛用、增词 VS 减词、淡化 VS 强化、正说 VS 反说、并句 VS 拆句、去头 VS 掉尾、重组 VS 改建、稀释 VS 浓缩等，总之调节技法也是一个开放系统。

## 第二节　翻译审美中的矛盾

翻译美学中的本体部分，包括诸多要素需要厘清，需要探索。其中翻译中的重要矛盾之间的关系需要理清，都是翻译美学绕不开的主题。只有理顺可译性与不可译性之间的关系，才能够进一步探讨翻译美学的其他话题。

从古时候开始，中西方翻译界就有了可译性和不可译性两个概念，在翻译美学中这两个概念也是重要的话题。可译性从广义上讲，是指转换语言的可能性，从狭义上讲，是能够达到语际转换的程度的特性。可译性是相对的，在一定的限度之内，它会变为不可译性，所以不可译性从本质上看是可译性的限度。从古时候的一些诗句就可以看出翻译的可译性和不可译性是相对的，它是有限度的思想。最早对文学翻译的可译性和不可译性问题进行讨论的是西方翻译要领，讨论的内容是但丁翻译的《飨宴》。许多著名文学翻译理论学家认为文学作品不可译，比如但丁、歌德等。然而，也有一些翻译理论家认为文学作品有可译性和必要性，任何的语言都可以有效地被翻译。这两个概念是翻译问题的两个方面，人为的分割这两个概念是非常片面的。

当代语言学在20世纪五六十年代飞速发展，可译性和不可译性问题也在许多语言翻译理论家的努力之下进一步发展，他们没有分割这两个概念，而是认识到了二者需要共存，在辩证这两个概念的思想时从不同的角度出发，推动了翻译研究的健康发展。

## 一、可译性与不可译性理论溯源

对于可译性和不可译性的问题，西方早期的翻译学家和哲学家展开了讨论，并对此展开了全面的论述：语言和构成语言的词汇在现实生活中是对现实生活的反映，是具有这种语言的民族所特有的表达方式。同语不仅仅像传统符号理论那样是索引思想观念的工具，也是思想观念和文化的一种。声音和符号并不是区分语言的唯一标准，语言之间只有世界观的区别。民族的心灵是通过语言来表达的，语言就是民族的心灵，这一论述说明了语言对思想文化的决定作用。思想意识是处于客观现实之上的，这一理论是语言理论哲学的基础。

语言与自己相应的世界观相对应，每个民族都有属于自己的世界观，不同的语言之间，有着实质性的差别。这种实质性的差别带来了翻译中的可译性与不可译性。翻译的任务是无法完美完成的，两种语言之间的翻译存在障碍，翻译者都会受到干扰：翻译容易过于考虑原文的风格而失去本民族的风格，反之，过于考虑本民族的风格又会忽略原作品的特色。两者之间的度难以把握，甚至无法完成。不可译性是两种语言之间的巨大差异造成的。各种语言之间是没有共性的，因此，不可能存在融洽的原作和译作之间的关系。翻译者会在原作和译作当中选择倾向其中一个，无论对翻译中的问题进行何种处理，都会存在与原作之间本质上的差别。这种观点和可译性是相反的。

从精神实质上来看，每一种语言都是独一无二的，语言都有自己独特的结构。原则上来看几乎不可能实现完美翻译，但实践证明，可以进行一定程度上的翻译。任何语言都可以表达自己语言最高或最低，最强或最弱的东西。人类的语言能力是与生俱来的并且是普遍存在的，这种能力带来了人类理解语言的能力。不同的语言有不同的结构，但是从本质上来看，是可以翻译的。这主要是由于翻译的本质是解释的过程，每一种语言，即使是原始语言都可以从多种方面进行表达。语言之间有明显的不可译性，这种性质会制约语言的可译性，从表面上看，这两种概念是语言矛盾的观点，但实际上这两种概念也是辩证统一的，如果有机的结合语言的系统性和操作过程的本质就可以做整体的语言心理特征分析，从而能够发现语言当中静止和动态因素之间的相互作用。

把语言看作是一种交际的符号工具，用辩证的眼光看待语言的不可译性，并根据翻译实践，认为语言之间既有个性又有共性，从理论上讲，所有语言是可以翻译的。这个二元论语言观，对20世纪的语言学界影响甚大。并根据这个观点，有学者提出“语言系统”和“语言行为”的二分法语言观来分析语言。在翻译界，语言的可译性和不可译性再次成为翻译理论家所探讨的命题。

由于解构了传统的翻译观，人们寻找新的翻译的可能性。把翻译理解为样式，人们就需要尊重原作，因为支配翻译的法则包含：如果可译性追求的是和原作的类似，那么翻译都是不可能进行的。但是如果坚持绝对的不可译性，翻译就是一门毫无意义的学科。所以，不可译性主要是指不能够追求与原作的完全相似。

其中有两个方面决定着翻译的可译性或者可能性：一是翻译人员要称职；二是要能翻译出原著的本质。后者拥有决定翻译的作用，他为翻译提供了新生的可能性，换言之作品可以在翻译当中得到生命的延续。原作可以在翻译的过程中不断完善、更新。不同语言的表达方式都有自己独特的个性，也有局限性，这两种特性可以用表意对象和表意方式来指出，纯语言的概念也由此被提出。各种语言之间的翻译，以此为基础，建立了自己的可能性。因此，翻译者的任务就是提取另一种语言中的纯语言，这一过程是通过自己的再创造进行的。原作的新生从这个观点来看，受到两个因素的决定：解放和再创造。将原作的词语进行忠实的复制，无法表达原作的意义，原作获得新生的方式是语言的自由，翻译的语言能够对原文的意图进行再创造，并且表达出来。译文和原作之间相互补充又相互关联，不仅仅保留了原文的意愿和思想，还拥有了新的生命。

翻译的过程遇到瓶颈时，人们也应当考虑语言作品的可译性。从某种程度上来看，任何作品都是无法翻译的，特定作品的可译性只是一个基本特征，它是通过译文来表现与原作之间的特殊意蕴的。原作不会被译作取代，但是由于可译性的存在，原作也可以和译作紧密联系。原作如果具有较高的可译性，译作就能够更高程度的与原作相联系。译作如果想要“茁壮成长”，需要较高的原作语言品质和原作的自身特色。翻译是一种特殊的写作模式，原作的内容对翻译来讲是一个障碍，如果原作的内容具有绝对的优势，翻译就几乎不可能完成，原作的水准越高，它的可译性就越高。

西方当代翻译理论家大多认为翻译是可以进行的，他们审视翻译的角度是语言学。西方翻译理论家认为，语言的表达能力和共性是可译性存在的基础，任何一种语言都是交流的有力手段，语言可以进行互相的表述，所以语言存在可译性是基于它的共性论，可以从核心层面去证实这一点。语言在语法结构和语义方面存在相似性，尽管人与人之间不可能做到绝对的沟通，但是人们可以在相同或不同的语言区域之间进行高度有效地沟通，这是由于人们具有相似的调节各种行为方式以及思想的能力。这个概念可以通过大量调查来证实，在另一种语言当中，可以用一种语言进行相对精确地表达。一个民族对思想情感集成表达的工具是语言，这种语言是由词汇组成的，因此，语言之间肯定会具有一定的相通性，这促进了不同民族之间的交流，所以语言是可能被转换甚至是一定能够被转换的。

可译性存在的重要前提就是语言的共性，但语言的共性并不是唯一的前提条件。在相同思维下才有可能进行翻译工作，不同的民族都属于同一个种类，这个概念促进了相同思维的产生。我国翻译理论家探讨了可译性存在的理论基础，讨论这一问题的角度是思维形式的统一性。思维的基础是物质，相同或者相似的思维活动可以在不同语言的人的大脑当中产生，不同语言的人也可以有相似的思维逻辑形式，语际转换的可能性就是由这些因素构成的。例如：以汉语为母语的人可以了解英语的语法概念，并且能够推断简单句的概念，这个概念并不会违背讲英语的人用英语语法来推断例句的形式，它们具有相同的思维逻辑形式。可译性存在具有另一个重要的前提，那就是思维共性。可以从思维的起源和发展规律着手，对可译性的存在基础进行进一步探索，以唯物辩证观作为依据，通过客观的物质世界来寻找思维的起源。

在这里需要强调两个前提：首先，人类是能够认识客观世界的，人类也能够认识思维；其次，在物质世界发展的同时，思维也会跟随着发展。在信息传播的过程中，语言是媒介，世界上的所有语言都可以被理解，这是思维的可认知性决定的。使用一种语言的人可以了解和明白另一种语言所表达的信息。信息在客观世界的不断发展过程当中能够被更加准确地传递，将来甚至能够通过阐述的方式或者语言转换等方式来翻译现在不能翻译的信息。

语言理论决定着翻译的可能性及不同语言之间的翻译可能性。有两种互相矛盾的观点存在于语言理论的研究中：一种观点认为，语言的底层结构是共同的、普遍存在的。人类各种语言的表层具有相同之处，人类使用的每一种语言都可以表达遗传或者历史社会方面的东西，因此翻译也是可能的；另一种观点认为语言的深层结构是较为抽象的，无法从中进行考察，因此深层结构并不重要。后者认为不可能存在真正的翻译，认为翻译只是对原物品的粗糙复制品，译作只会在两种语言或者文化具有相同渊源时，才会被接受，如果两种语言或者情感是相差甚远的，那么就不会存在可靠的译作。

翻译理论家和德国文学家认为有一种相互交织的关系存在于各种语言形态之间，不同语言在传递信息的方面都有相同的共性，文学作品的可译性就是因此而构成的。不同的人类语言也可以被用来进行相互交流，他们认为语言之间存在普遍性和共性。

法国翻译理论家针对不可译性进行了客观的分析，找出了翻译当中的许多障碍。翻译存在的障碍是由文化多样性构成的，除此之外，物质文化等因素都可以构成翻译的障碍。语言一定会反映这些差异，呈现的形式多种多样，比如翻译的过程由于文化的专有项而产生了错位或空缺等，另外，民族语言对非语言经验的实际切分也会由于文化背景的差异而产生不同。翻译可能性具有限度，这种限度也是会根据实际情况而改变的，会随着译者认知能力的提升而逐渐变小，进而形成翻译的可能性。人类对世界的认知与人类的语言之间存在着相互制约的作用，因此，人类在不断认识世界以及互相交流的过程中发展着自身的文化，翻译活动的可能性，也就是不同语种之间的交流取决于文化的接触和碰撞。

从人类的文明发展史来看，不同的文明和语言之间也是有一定联系的，正是由于文明和语言之间存在着一定的相似性，交流才具备可能性，尽管差异依然存在于不同民族的语言之间，但思维逻辑或者语言的对象有着共性。翻译可行性的理论依据是不同语言和文化之间的共性。翻译的必要性依据是不同语言和文化之间的特性，这种特性也是翻译的障碍及翻译的限度。

## 二、可译性与不可译性的共存

民族认识和改造世界以及认识和改造自身的过程都是形成相应语言的前提。民族语言的不同是由于民族区域不同和发展进程不同而产生的。人类的思维认识在客观和主观世界的碰撞当中产生了许多共性，语言的可理解性也因此产生，这种可理解性是不同语言之间交流的基础。语言除了能够用来表达自我之外，也可以用来认知新的陌生的环境。与这个道理相同，民族除了可以用自己的语言来对自己的民族生存环境中产生的各种事物进行表达外，还可以认识和表达与自己生存环境不同的环境当中的各种事物。一种语言的表达，从理论上讲都可以被翻译成另一种语言。坚持不可译论的人认为语言不仅仅在符号上存在差别，在对人思维世界的影响上也存在的差别，能够对人的思维起着支配的作用，因此人类会受到语言的制约。

事实上，就可译性与不可译性的关系问题，一直构成翻译理论中的本体问题，正是论者的积极探讨，不断推动着翻译理论与翻译事业的发展，同时也深化了对翻译本体的认识。

很明显，可译性和不可译性是共存的，如今翻译是可能的，并且是有限度的这一观点已经被广泛传播，它是当代法国著名翻译理论家提出的。这是一种翻译的辩证观，通过这个观点，人类可以辩证地了解可译性和不可译性之间的关系。翻译是以语言文化的共性为基础的，但是不可能存在完全充分的翻译，因此，人们会通过语言、文化及翻译的新观点认识到不可译性这一概念，主要有三个原因造成了这种不可译性：首先，语言具有隐藏性，语言不可能对思想或者现实进行100%的表达；其次，只有被接受者理解，译文才具有意义，但是译者不能够预知接受他的译文的人的理解能力；最后，语言的错误表达。学者在对可译性和不可译性问题进行阐释的过程中，试图从语言和文化的本质着手，这也说明对这一问题的探索在不断的发展。

语言层面的不可译性有译者主观方面的原因，即可能对原文的语言掌握不够，另外，事实上的不可译，即文字游戏一类，即使翻译也缺少原语所特有的风格和意蕴；文化层面的不可译性受社会文化因素的影响，原语与译语之间难以找到对应表达，但是为了表达需要，不得不译，“补偿”也是一种不得已而为之的手段。

对可译性进行的阐述，可以从哲学的视角入手：意与言或者道与文相当于体与用或一与多。意与言、道与文是不可分割的，是体用合一的关系。因此语言也可以通过了解文字的意与道来进行翻译，用另一种语言进行表达。

从另一个角度来看，不同的语言、文字或者方式也可以对同一个真理或者意思进行传达，换言之同一个真理可以用不同的语言文字进行表达，在不同语言表达同一真理时，翻译起着重要的作用，译文可能不如原著那么精辟，但是能够表达同一个真理，甚至也有可能表达出超过原著的真理。这段话客观地表达了语言文字是用来传递意义和思想的，“意是可宣的”足以说明，源文本所传递的意思可以用译语来表达。但因涉及具体的表达方式、特殊手段和一定文化因素的影响与制约，可译性中存在不可译性因素。诗可以作为人表达自己思想以及情绪和心中的真理的工具，这一方面可以被翻译成另一种语言。诗歌具有音节格式之美，也是文字美的一部分，绝大多数都是不可翻译的。如果要进行翻译，一定要对原诗的情境和思想进行深刻的理解，并且能够重新创作另一种语言美的形式，诗是可以被翻译的，但是它的可译性也是有限的。

诗歌之所以不能译，是因为诗歌之神韵、意境即诗歌的味道在很大程度上熔铸于语言之中，另一种语言难以传达。文字是构成诗的原料，诗是表现得最集中、最精练的文字，难以传译之处就在于文字的构成或组合方式，就像几个音符组合成数以千计的音乐作品一样。正是这些组合方式的各异给译者带来相当的困难，原诗的味道就会丢失。当然，翻译中的“损耗”是难免的，关键在于译者的翻译目的、责任心与翻译能力。虽然诗歌存在明显的不可译性，但是诗歌翻译是必要的，因为从文化交流、开阔眼界、参考借鉴等方面来看，有必要将外国诗歌译介给中国读者，同样将中国诗歌译介到国外，特别是一些外国诗歌新的形式、新的内容和新的表现手法具有译介的必要，对中国诗歌的变革将会起到不可估量的作用。

从多个方面论证可译性，其理论基础为意识能够反映存在，由此推导出语言反映思想，任何文学文本都是语言传达作者思想意图的一种有力的形式。由于人类有着共同的思维逻辑，尽管语言存在差异，不过思维必须遵循共同的逻辑规律，由此可以推知，任何作品的逻辑内容都是可以感知的。另外，各民族语言存在广泛的共性，这就为语言的翻译提供了可能性。文学作品的审美性也是可以感知的，因此也是可以移植的。

从另一角度来看，这种可译性是具有某种限度的。这种有限度的可译性，也称不可译性，构成原因有三方面：一是两种文化之间的差异；二是两种语言之间的差异；三是某些特定写作手法和表现手段（汉语中的歇后语、回文诗等）。不可译性是语际转换中永远存在的一种现象，“不可译性”可以分为“绝对不可译性”和“相对不可译性”。“绝对不可译性”主要指源文本中一些特有的表现形式如头韵、文字游戏等，一经翻译形式完全走样，审美性损耗殆尽。“相对不可译性”主要指某些语言现象在一定条件下由不可译转换为可译。语际转换必然造成损耗，尤其是一些以形式取胜的语言现象，转换过程中损耗更多，而译者应尽量降低原语形式的“损耗”，最大限度地保留反映原文神韵的各种“形貌”的审美品质。没有损耗，就没有译文。与此同理，语言形式再复杂，都是可以被感知的，因此所谓不可译，非不能译。实际上，任何特有的文化事物本身是可以被认知被表达的，因而在本质上是可译的，只是译语中一时缺乏相应的表达方式而已。因此，由文化差异造成的不可译是一种暂时的不可译，宜称相对不可译。

简单而言，诗歌可译与不可译并不妥当，诗歌翻译分为五种情形，即全可译因素、大半可译因素、半可译因素、小半可译因素、不可译因素（韵律、节奏、音节发音、特殊修辞），并从诗歌行数、词汇、句法、修辞等方面分别讨论了以上五种情形。诗歌的可译性与不可译性以及半可译性，关键在于论者以何种翻译标准去评断。如果以意美作为诗歌是否可译的标准，那么大部分诗歌是可译的；以传达形美作为标准，则一部分诗歌是可译的；若以传达原诗的音美作为标准，则所有诗歌都是不可译的（看似武断，但现实情况确实如此），因此，就诗歌翻译而言，应该持多重翻译标准，且对各种标准持宽容态度，客观地承认其存在的理由和价值，绝非武断地用一种标准压倒或取代其他所有标准。

上面所有关于“可译性”和“不可译性”的探讨主要是从理论上展开的，具有一般翻译理论的共性，且实例以诗歌为主，因诗歌是文学体裁中一种非常特殊的文体，“可译性”与“不可译性”问题在其翻译中表现得非常明显。翻译美学中的“可译性”与“不可译性”问题也具有相同或类似的共性。因为，翻译美学探讨的语言的可译性中除了源文本的思想之外，更为关注传递思想的语言形式的审美性问题。具体地讲，可译性主要表现在两种语言的共性方面（思维、价值观、意识形态、文化习性等），不可译性主要表现在一些特殊的表达、拼写形式以及文化意象的空缺等。

事实上，这些特殊的表达正是原作者所要传达的某种意图的具体方式，其审美性也恰好是译者应当竭力捕捉的。如果要达到传递信息或艺术价值的目的，必要时需对原文的不可译成分实行转换或转化，之所以要实行不可译性的转化，是因为任何不可译的东西在原文里都是可以理解的。如果译者能对原文的文内语境和文外语境即社会、文化语境了然于胸，就可以调动各种翻译手段如解释法、硬译法（是否可行，值得商榷）、改写法、移译法甚至是创译法，变不可译为可译，从而达到传递源文本思想内容与审美价值的目的。

通过以上粗略分析，可译性的存在主要取决于两个关键要素：语言的共性和思维逻辑的共性。二者相辅相存于翻译之中，是一个问题的两面，并非处于绝对的对立状态，而是受到审美主体即译者和读者的审美经验、阐释能力和认知能力的影响。在一定条件下，不可译性通过主观努力可以转化为可译性，同样，可译性也可以转换为不可译性。当然，绝对的可能性（可译性）和绝对的不可能性（不可译性）是不存在的，如果两者之间存在其一，翻译理论和翻译实践都不可能进行，最终人类之间的交流与互通也就变为不可能。所以，翻译理论的探讨就是使二者的关系更加清晰明了，翻译实践的目的就是让不可能成为可能，即使不可译性变为可译性，如前所述，这种可能一定会受到某种制约，是有条件的，有限度的。为此，在探讨“可译性”与“不可译性”时，不能只做出静态的描述，而应该给予动态的阐释。

可译性与不可译性不是完全对立的，只是翻译中的两个方面，是译者必须面对和处理的问题。“可译性”的存在有其理论依据：语言的共性和思维逻辑的共性。从整体来看，可译性是人类进行翻译与交流的一个必备条件。从审美角度来看，可译性是原文异质美得以再现的前提。由于语言表达方式存在一定的差异，特别是一些超常规的表现手法或修辞手段，在形式上取胜，完全移植到译语之中不太可能，这就构成了翻译中的可译性限度，即不可译性。所谓可译性与不可译性，是一个集合的对立统一体，不是一成不变的，是相对的。

因此，翻译中不存在绝对的可译性，也不存在绝对的不可译性。一切绝对化，只能导致不可知论，讨论翻译就毫无意义。在美学视阈下，原语的异质美可以通过译者合理的调节与变通而移植到译语中，获得大致相当的审美效果。因此，从这个层面上讲，可译性含有三层意思：其一，译者作为审美主体可以理解原作蕴涵的美学要素；其二，译者可以用译语表达自己理解的原作蕴涵的美学因子；其三，译语读者可以接受译者所表达的审美信息，从而获得审美体验。

同样，不可译性即可译性限度含有三层意思：第一，审美主体译者能够理解审美对象即源文本蕴涵的审美信息；第二，作为审美主体的译者不能够直接将源文本中特有的审美要素移植到译语种；第三，译者只能运用变通手段将源文本中难以直接复制的美学因子创造性地再现于译文本之中，求得最大程度的近似，让另一审美主体译文读者获得大致相当的审美体验。这就是常说的在条件具备的情况下，先前的不可能也可以转化为可能，即不可译性转化为可译性。此外，需要指出的是，人们探讨可译性与不可译性的目的在于客观地描述语言现实，准确地描述、确定文本的可译与不可译，甚至是半可译诸因素，而不是硬性地规定译者在翻译时必须停留在两极中的一极。

# 第三节 翻译审美中的主客体

## 一、翻译审美中的主体

### （一）翻译审美主体的条件

审美主体条件具有综合意义，指审美主体具备的能力、素养和发展潜势。汉外互译的翻译审美要求译者具有一定的语言艺术的经验。艺术气质包括先天和后天两种成分，关键在于后天培养。在天生的基础上经审美经验培育的，培育得越辛勤，品位就越高。

人的审美心理结构是后天建立的，由三个部分组成：智力结构；意志结构；审美结构。智力结构和意志结构都是理性的；审美结构则是经验的、感性的，同时也是理性的。审美结构中的艺术气质，通常通过三个方面进行加强，即知识和教育；人文环境的熏陶；文化艺术的亲身实践。

审美经验的积累与审美心理框架的确定构成了翻译审美心理，它需要对源源不断的审美信息进行加工，而且还需要将以往的审美判断作为实例提供出来。翻译审美主体的形成，必须要以审美经验的积累与审美心理框架的构建作为基础，这样才能形成审美能力的相关依据，才能更好地发挥出各种能力，那些积累起来的审美经验才能够发挥校正、引导和指引的作用。

1. 审美能力

审美能力是指有“才智”“智能”之意。翻译主体有了条件但如果欠缺审美能力，也同样不能投入富有成果的翻译审美活动。

认知能力主要就是智力。人的智力是多重的，不是单一的，共有 8 种智力：语言智力；空间智力；音乐智力；逻辑一数学智力；肢体一运动智力；内省智力；人际智力；适应自然智力。虽然以上 8 项智力都不能涵盖审美能力，在美学看来，审美能力属于智力，但又不是单纯的智力：

（1）审美能力的特殊性。在人的智能结构当中，特殊能力是其中的重要组成部分，其自然基础是脑功能、感官以及神经系统等生理机制，这需要审美者在后天的生活中以及审美实践当中，经过不断的训练、汲取和学习才能积累和形成，这是接受审美信息、传导审美信息、储存审美信息、处理审美信息、加工审美信息、转换审美信息以及再生审美信息的一种能力。

（2）审美能力的统一性。这种统一性主要指的是形象思维与抽象思维两种能力的统一，创造能力与认识能力的统一。这种统一性包括人们对于审美对象的记忆、感知、判断、理解以及推理等。基础是足够的审美经验，丰富的相关知识，健全的审美结构，审美以及创造美的效率都会受其直接影响。

（3）审美能力的表现。审美能力有一种直接的表现形式，那就是审美鉴赏力，也就是审美主体对于审美的敏锐性，对于情感活动的能动性，还有对于审美的判断、理解以及分析的精确性。具有较高审美鉴赏力的人能够深刻、迅速而完整地把握好审美对象的特质，并且对这些物质进行精准地解释与描写。培养审美能力的同时也能够打造较好的艺术气质。

2. 审美感应力

人们对于语言的理解能力直接受到语言感应能力的影响。在对文字进行翻译的过程中，感应审美信息的能力是至关重要的。所以“语感”也被视作“语言直觉”。翻译审美主体所具有的审美感应力指：

（1）对原语文本（ST）中的审美信息的理解能力，包括语义信息解码及审美解释能力，以及后续掌握能力，因此语感的基础是对意义的准确把握，没有准确把握意义时的语感有可能并不符合语言符号的所指。

（2）对目的语（TT）中语意进行“优化表现”，需要敏感性和追求，操控自如。

（3）语言审美感应力是审美态度的初始性心理活动的启动者与审美感性的持续驱动者。翻译审美中所涉及的语言感应力实际上就是与语言审美相关的一种自觉性；翻译审美的对象就是原文文本。审美主体的态度会因为审美的直觉性而激活，并且当审美主体的审美进入理智层面时，也会受到直觉的驱动。语感对翻译审美的意义被忽视的原因是人们审美态度。态度决定了翻译的好坏。

3. 审美想象力

译者必须具备的审美条件是审美想象力。艺术创造都离不开在虚拟中的把握，超脱现实框架制约的现象呈现或意象构建。审美想象力来源是天赋与审美经验。尤其是审美经验，经验需要积累。

根据下面的文字，试着理解的内容。这个语段取自美国作家、文学评论家爱默生（R. Emerson，1803—1882）写的著名散文《Beauty》(《谈美》)：

But this beauty of Nature which is seen and felt as beauty, is the least part. The shows of day, the dewy morning, the rainbow, mountains, orchards in blossom, stars, moonlight, shadows in still water, and the like, if too ea-gerly hunted, become shows merely, and mock us with their unreality. Go out of the house to see the moon, and'tis mere tinsel; it will not please as when its light shines upon your necessary journey. The beauty that shimmers in the yellow afternoons of October, who ever could clutch it? Go forth to find it, and it is gone; 'tis only a mirage as you look from the windows of diligence.

**译文：**人们感觉到或是看到的那些美，在自然界中实际上是微不足道的。比如白天和黑夜的更迭，比如日月的交替，清晨散落在叶片上的露珠，山间的一弯彩虹，还有那些硕果累累的园子，在月光下闪着波光的湖面。如果刻意去追求这些，就会显得造作，看到的种种美景就像幻觉一样，如同受到了一种戏弄。推开门去欣赏月亮，而月亮却是一个铜镜，根本无法感受到月光带给我们的愉悦与欣喜。十月深秋的午后那种熠熠之美谁又能把握得住呢？欲去捕捉和感知，却又飘然逝去！坐在马车的车厢里向外张望，一幕幕的景象如同海市蜃楼。

原语中可以说每句话的理解都离不开想象：原文给人提供了很多虚拟的画面，读者就在那些虚拟的场景中“看到”原作者所说的一切。译者需要把握的意义意象化、意境化，再将意象化、意境化意义书写成文字表现出来，才能使译文展现同样的意境。想象在翻译中的作用：

（1）根据原语文本描述，使读者在脑海中“描绘出”文字特定的场景、画面、情节、过程、事件、人物等。

（2）根据原语文本描述使读者在思维中“领悟出”文字的意义，包括潜在含义。

（3）根据原语文本作者的呈现，使读者在判断中“识辨出”语言文化特征，特别是能分析辨别出原作者与译者之间的文化差异，以利表现。

（4）根据原作者的思路与想象，进行翻译想象。但这种想象是相对的、有选择的，译者不可能不受到语言文化差异的影响。

联想是想象的一种最基本的表现形式，记忆是联想的基础，有了记忆，人的思想就会产生出各种丰富的联想。人们经常会将联想错认作是无序的一种思维，实际上联想是一种有序的思维，它有着自己特定的路径，感知就是联想路径的起点。主要形式是对比、类比、推导、关联、模拟等。联想对理解的助推作用是显而易见的，译者对上述联想形式都必须熟练掌握，特别是在需要拓展可译性时，可以获得方法论启示。

作为想象形式的联想的艺术感染力，是具有形象（意象）功能，可以代替诗人、作家、画家“执笔”，把他们没有、也不可能写完、画完、歌颂完的艺术形象写完、画完、歌颂完，至少可以使它们更加饱满、更加有艺术魅力。

在进行翻译的过程中，需要善于利用“再现性想象”。原文中会涉及各种场景、事件以及人物，在翻译时需要进行遣词造句，这时译者就需要对这些内容进行想象。翻译想象需要遵循三个原则：一是要抓住原文中的一些特定描写；二是要抓住原文对于整个背景的特别交代，尤其是通过场景给出的暗示；三是要充分注意到不同语言间的文化差异，想象要在文化适应的范围内进行，推断要准确，要慎重。

在中国翻译家看来，“原创性想象”是翻译必须谨慎为之的，翻译的原创是有条件的，翻译者不能违背原语文本意义规定性。总之，审美想象受主体的情感支配。译者在翻译过程中要保持冷静。

4. 审美理解力

翻译学中的“理解”，把“意义把握”分为：基础层级、中介层级、综合层。语言哲学上的“意义把握”指“语言符号的全部所指”，包括上下文可能赋予的暗含意义、引申意义和联想意义。翻译美学上的意义把握就是根据语言哲学上的这个意思。

第一，基础层级。文本理解，指把握了语言结构所承载的全部意义，常指词、句、段及整个篇章的“字面意义”。

第二，中介层级。超文本理解，指把握了文本语言结构及超语言结构（即超文本）所承载的全部意义和意蕴。

第三，综合层级。审美理解，指整体把握了语言结构、超语言结构及文本审美结构共三个层级的全部意义（包括叙述的逻辑性）。

翻译的理解必须达到第三阶段，通透地把握了原语，可以进入翻译的过程。

审美理解属于“整体理解”，所以是一种高层级的理解。与认知理解相比，审美理解具有特殊性，两者并不相同，理性与感性结合在一起才能构成审美理解，而认知理解只需要把握其逻辑性，领悟其理念。审美理解是审美主体对艺术的一种领悟，是对艺术的一种认知。

翻译审美是由主体所具有的理解力决定的。主体所具有的理解力是其对于语义以及相关信息的一种认知和理解，同样也是对各种审美信息的一种理解。以下是翻译审美理解最为显著的特性：

（1）感知性。这对于翻译审美来说是一种非常重要的特征。审美理解源自感知，而感觉又在感知之前，感知要高于感觉。具有更强敏感性的人也更能深刻、准确而迅速地达成理解。艺术的表象中最重要是对于感知的一种提升、深化、集结，对于艺术意象来说，表象是原生态的，也是一种雏形，感觉是这一切的源头，感觉的最终指向必然是感知，是对美的一种特殊感应，这就是美感。

客观事物会对人产生一种“刺激源”，人则会因其反映，与感觉相比，感知更加复杂，也更加完整，是对事物的一种综合性的判断，是对整体事物的一种认知，所以感觉与感觉的简单叠加并不会构成感知，而是需要形成新的品质，需要具备发展的动力，在翻译审美中就反映为审美的经验与态度。

以下的例文截取自普里斯特莱这位英国著名的散文家的作品《初雪》：

The first fall of snow is not only an event, but it is a magic event. You go to bed in one kind of world and wake up to find yourself in another quite different, and if this is not enchantment, then where is it to be found? The very stealth, the eerie quietness, of the thing makes it more magical. If all the snow fell at once in one shattering crash, awakening us in the middle of the night the event would be robbed of its wonder. But it flutters down, soundless, hour after hour while we are asleep. Outside the closed curtains of the bedroom a vast transformation scene is taking place, just as if a myriad elves and brownies were at work, and we turn and yawn and stretch and know nothing about it. And then, what an extraordinary change it is! It is as if the house you are in had been dropped down in another con-tinent...

**译文：**初雪是一件非常大的事，并且还十分魔幻。睡梦中自己身处于一个世界当中，而醒来时却身处于另一个陌生的世界。这些都足以让人沉醉，否则就无法再找到更加沉醉的人了。这一切的发生都是静谧的，神秘的，初雪更显出了它的神秘色彩。如果雪是大张旗鼓地落下，足以惊扰人们的午夜梦回，那么惊喜也就不存在了。而这场雪却趁着人们熟睡之机，徐徐地、无声息地落下。窗外的世界发生了天翻地覆的变化，就像被施展了惊人的魔法，人们翻动了一下身体，懒懒地打了呵欠，缓缓地伸了懒腰，对窗外发生的一切还全然无知。但是这种变化是巨大的，人们的房子似乎掉进了雪的世界里！

从散文家的角度而言，初雪的发生是一件非常大、非常奇妙的事，他对雪的描述显示一种体验。读者不必对他的描述进行分析和解析，只需要以一种感性的状态读。将理性把握和感性把握结合在一起就是审美理解，并且理性是由感性来引导的，这样才能够达成理解。

（2）直接性。感知性是直接性的来源，当一种东西或事物被感知后，它会令人进入到一种理解的状态，也就直接进入到了一种认知的过程当中。比如《诗经》中出现的对景物的描写："昔我往矣，杨柳依依；今我来思，雨雪霏霏"，这是一首感性而发的诗句，作者并不需要添加任何文字性的说明，就可以直接达到那种审美的理解。

绘画最能体现出审美理解的直接性。例如油画《早餐》是著名画家莫奈的画作，他借助转瞬即逝的光影效果来体现事物的影像，对于这种印象主义的画作以及体现于其中的艺术理念不难理解：内在的美会受到外在美的指引。再例如，当人们面对徐悲鸿大师的画作时，就会感受到一种难以被束缚的力量，它绘出的不仅是简单的几匹马，而是对一切旧事物的远离和挣脱，是对新事物的追寻和向往。

（3）多维性。正因为审美对象具有多样性，因此审美理解力也具有多维性。这种多样性主要包括：既有个体又有群体，既有模糊性又有确定性，既有感性又有理性，既有表象又有本质，既有形体又有内涵，既有形式又有意义等。因为审美对象本身所具有的审美结构就不具有确定性，因此审美主体对审美对象的理解也不是千篇一律的。正因为审美对象具有多样性，因此审美主体所表现出的理解力也是多维化的，最终导致的是翻译审美理解能力更加复杂。

（4）复杂性。这种复杂性指的是审美对象是复杂的，审美的理解能力也是复杂的。审美理解力由五个部分组成：一是有效把握语言的结构；二是有效把握原句的真实意义；三是有效把握文本的意思和蕴含；四是有效把握文本以及超语言的含义；五是有效把握文本审美的具体结构。这种复杂性还包括审美对象的复杂性，在理解的过程中还具有反复性，而且还会出现相互交织的情况，对复杂事物的理解是一个渐进的过程，无法做到一蹴而就。另外，这种复杂性还包括审美理解过程的复杂性。人的理解认知过程是普通心理学和认知心理学的研究课题。

翻译过程中涉及的“理解”指的是对意志、情趣、审美的全局性把控，要想顺利完成这个任务并不是一件易事。审美理解是一个复杂的过程，它需要将感知以及感觉输入到人们的大脑中，是一个自下而上的过程。这个过程还包括自人的大脑向感知和感觉传导，从而完成对事物的理解的过程，这个过程是自上而下的，具有“反复性”。

5. 审美情感操控能力

审美的情感操控能力是艺术家所特有的审美情感，审美感情具有以下五个特点：

（1）审美心理的其中一种形式就是审美感情，这种感情是经过了长期的社会实践以及审美实践所产生的，是大脑特有的功能。

（2）审美感情具有一定的审美价值以及效用。审美情感需要有一定的客观基础，那就是审美主体的需要以及审美对象所具备的审美物质之间的价值以及效用关系，这同样也是实践活动与现实需要之间的价值和效用关系：审美主体特有的自我意识会因审美对象的作用而被激发出来，然后对其价值进行评估，审美主体因此而产生情感方面的体验以及相应的情感表现。

（3）审美主体与审美客体之间以及审美的内蕴与外感之间都会产生相互的作用，在此基础上审美实践的效果与目的会被统一起来，并且与人的理智以及道德交织在一起，建立起相互推动和制约的关系。审美情感是自发存在的，也具有自控性，还能进行转换，可以对审美对象产生作用，并且对审美对象的情感产生影响，同时还能对他人产生作用，引发审美主体之间的情感共鸣。

（4）这一复合体具有多种层次，多个维度，情感类型丰富多样，这些情感类型的层次还有着不同的深度与强度。由于有了情感层次的各种变化，人的情感色彩也变得更加丰富多样，也更加复杂，所以人类所创造的艺术品才会显得精彩纷呈，而且不会重复。

（5）具有全程性。审美情感处于直觉阶段时，就已经有了情感的融入，随后的想象以及理解阶段同时有情感地注入，这是开展审美活动最大的推动力，也使得审美主体的个人意识变得更具多面性。当审美活动进入终端阶段时，情感就表现出了更强的定型功能，所以有不少美学家会认为“情感表现”就是“审美表现”。

6. 审美原则能力

审美创造力是审美主体非常重要的一种能力。审美原创是审美活动的最终目的，所以很多人认为审美能力的高低与功力需要凭借艺术原创力来进行衡量。以下是审美原创能力的来源：

（1）审美态度中的情感、情志及情致的激发。由于有了审美经验的推动，审美体验的激发，审美主体会与客体进行对话，将自身所获得的艺术意象以及内涵加以聚集，当累积到一定程度，主体与客体的对象就会产生了相应的结果。

（2）审美客体对主体的激发。要想激发出审美主体自身的审美意识，调动起情感的波动，引发审美的积极态度，审美客体的促进作用必不可少。

（3）审美主体的想象能力，实际上正是客体对主体的激发在后者身上产生的反应。审美主体的创作实施过程可以分为四个阶段：1）虚静观览。这是对审美客体的一种观察和审视，其目的是为了促进审美的完成，是对审美对象的一种直观凝注，从翻译的角度来看就是对原文进行认真的阅读与理解。2）主客互动。从翻译的角度来看就是针对原文来不断提出问题，解决问题。3）意象形成。对形成的翻译初稿进行反复推敲。4）艺术再现。就是对译文不断进行优化。

## （二）翻译审美主体的特征

翻译审美主体的完成品是“翻译”。作为一项复杂的跨语言文化认知活动，翻译审美主体具有的审美特征：积极的审美态度；敏锐的审美判断；开放的审美意识；灵活的审美表现对策。

（1）积极的审美态度。审美主体有一个最基本的特征，那就是审美态度。“态度”源自理性，源自观念，所处的环境、时间、地点，面对的对象都会始终对人的态度产生制约和影响。

（2）敏锐的审美判断。主体在对客体做出判断时，必须要与审美的物质相符，分析也要做到客观理性，这是审美判断提出的需求。对语言所进行的审美物质的理性分析实际就是对意义的分析。所以首先要对意义进行准确的理解，才能形成较为准确的语感。

只有通过后天的积极努力，才能获得审美判断力，语言相关的审美判断尤其如此，必须要进行语言审美和素养的专业培养和训练。只有具备了足够的审美经验，才能拥有敏锐的审美判断，要想对语言美具备足够的感知能力，需要经过异常艰苦的体验和习得。

（3）开放的审美意识。翻译主体还有一个重要的特征，那就是审美意识，这是一个与心理相关的系统。“意识”是人脑的一种特殊机能，这种“特殊物质”是高度发展的。从哲学的角度来看，“意识”同思维属于相同的范畴。按照心理学的概念，“意识”是一种自觉的特殊心理活动，其中包括情感、思想以及意志。"审美意识系统"还分为三个子系统，这三个子系统能够显示出审美取向，包括：一是"知"，这是一种认识的过程，从审美意识上来看，可以表现为记忆、联想、知觉、表象、想象、感觉、分析、综合；二是"情"，这是一种情感的过程，从审美意识上来看，可以表现为情绪、心境、心态、共鸣、移情、反感等；三是"志"，这是一种意志的过程，从审美意识上来看，可以表现为使命感、目的感，也是一种毅力与决心。翻译审美的成功与否，是由审美意识系统的功能是否完全发挥决定的。

（4）灵活的审美表现对策。就如世界上不存在两片完全相同的树叶一样，文本也都有着各自的表现手法和风格。有的语言淳朴，有的语言典雅，有的语言充盈，有的语言清淡，有的语言含蓄，有的语言明净。人们能够看到铿锵的声韵之美，也有铺陈的平淡之美，这些美都被称为美的价值类型。在写文章的过程中，作者要懂得变通。翻译的过程中还要对各种不同文体的文章进行处理。不同文体的在相同的审美标准下，存在差异同中有异。相对于形式而言，文章内容就是目的；只要形式真正地表现了内容，并展现出来就可以说是美的形式。这是最基本的审美表现对策。

汉语这种语言非常感性，所以翻译者必须具备足够的审美自觉，也就是审美的自我意识，涉及汉语的翻译活动必须要突出这种特殊的审美自觉，体现翻译者的艺术品位与人文气质，增加并提升自己的汉语与其他语言间互译的相应知识及能力。

### （三）翻译审美主体的差异性

审美主体具有差异性，从艺术的角度出发，表现在一种常规性的差异，这也是事物发展的内部动因。审美主体在个体上存在着很大的差异性，所以审美表现也就会丰富多样。每个人都有着不同的气质，有着不同的能力，所以审美主体也必然存在着不同的个性，各异的气质。正因为每个人都有着不同的气质，所以他们的审美体验、感应以及价值观都各不相同。《淮南子》里说："夫载哀者闻歌而泣，载乐者见哭者而笑。哀可乐者，笑可哀者，载使然也。"[1] 这说明审美感受人各有异，切不可以强求一致。这里涉及译者的审美态度、审美情趣、翻译审美再现、翻译审美批评、翻译审美理论中的价值观论等的差异性问题。

## 二、翻译审美中的客体

### （一）翻译审美客体的特性

（1）审美感性。这种审美客体属性是最普遍的，审美客体属性是美的外在

---

[1] 李智. 当代翻译美学原理［M］. 北京：知识产权出版社，2013.

表现，也叫形象表现性。比如道德是理性观念的一种，所以道德本身并不具备美的特点，它具有的只是美的内涵，道德并不能通过外在的表象进行美的表达，只有和外在现象统一时，道德才是美的。以廉洁为例，廉洁是行为的真实表现。自然界当中的景物很美，比如朝阳，只有将朝阳这一个概念统一到自然界的美当中时，朝阳才是美的。物品的审美性是通过外在来表现的，审美客体属性最重要的表现则是形象表现。

（2）审美价值承载能力。审美客体的本质决定了审美具有价值承载力，它能够承载审美价值。如果破坏了语言文学作品的内容，作品就失去了艺术价值。

（3）审美感应力、审美召唤能力。换一种方法说就是吸引力。审美主体会期待审美客体的美感，得到审美的满足。主要原因有：① 审美客体具有审美素质，主体可以从中看到自己的审美理想；② 审美期待具有悬疑的特点，可能会带来悲剧或喜剧化的效果，二者都是戏剧性的体现，主体能够从中获得满足感。

（4）审美客体的美可以比较，但不可以量化。审美客体的美，尽管属于同一形态、同一类型，也不可以量化。考察一下翻译美学中的审美客体。一般说来，不论文体、不论题材，值得翻译的文本都可能成为的审美客体。但是翻译的审美客体情况比较复杂，要求全面考察，翻译美学的两个审美客体为：一是原语具有审美价值的文本；二是译语具有审美价值的文本。为了对文本意义中的审美价值进行准确把握，翻译者需要完整地审视原文作者，对作者的其他作品进行了解。

翻译者很有可能需要对以下审美客体进行一定的审美审视：原语具有审美价值的文本、人文参照、互文参照、社会历史参照、译语具有审美价值的文本五个，对后四个因素进行审视的目的，主要是为了全面地观察原文的审美信息。

无论在原语或译语中翻译审美客体的能力必须相互基本对应，相互制约性。通向译语可以对审美价值的文本进行转换，审美客体中的文本应当具有这种特性。翻译者无法避免在翻译审美客体时出现的相对主观的规定性：客体要求主体能够对自己进行理解和处理，这是以了解自身基本面貌为基础，主体在对客体进行理解和处理时，常常按照自己的规定。这个矛盾是艰苦艺术创造的标志。

### （二）翻译审美客体的功能

考察审美客体的不同功能时，要依据文本的不同语言体式和文体形式等因素。审美客体在进入翻译审美的审视范围之内时，有以下四种功能。

#### 1. 外像描写功能

这是对于某些审美客体而言，执着外像描写是重要审美特征。外像是指事物的外部特征。中国译者历来比较重视对于景物描写语段的审美问题，但对人物由外及内和由内而外的“双向描写”则往往未予充分重视。实际上，中国文学历来重外像描摹和动作描写，而忽视人物内在的心理活动。这个特点一直贯穿汉魏六朝的志人志怪小说、唐代传奇小说、宋元话本小说乃至明清的章回小说。很显然，翻译应当摆脱这种局限，重视西方叙述学的所谓“内外双向描写”，才能准确地把握眼前的审美对象。

2. 信息提供功能

信息提供文本包含提供事件、数据等信息的文本，比如新闻报道、公文文书等。语言美普遍存在，语言体式和文体类别没有分别，审美主体和客体之间是对立统一的关系，审美主体进行的审美活动即为斟酌语言和词句。下面就是写的精彩的句子和语段：

**例 1**：The chess-board is the world; the pieces are the phenomena of the universe; the rules of the game are what we call the laws of Nature. The player on the other side is hidden from us. We know that his play is always fair, just, and pa-tient. But also we know, to our cost, that never overlooks a mistake or makes the smallest allowance for ignorance.

**译文**：世界是一盘棋，宇宙现象是棋子，所谓的自然法则就是游戏规则。无从见到的对手。但深知，他的棋法是公平、公正、耐心的。还从付出的代价中获知，绝对不能忽视任何一个错误或对的无知做出哪怕是最微不足道的宽容。

**例 2**：We will discuss in a little more detail the struggle for existence… I have called the principle by which each slight variation if useful, is preserved, by the term of Natural Selection... The expression often used by Mr. HerbertSpen-cer of the Survival of the Fittest is more accurate, and is sometimes equally conve-nient.

**译文**：我们将会仔细地讨论生存竞争这一问题……对任何有用的细微的变种，我们都会细心地保存。我用自然选择来称呼这个原则……而塞宾斯先生用适者生存来称呼这个原则，适者生存更加贴切和方便。

根据上述句子与语句的审美标准是：① 意义把握准确，使用得当；② 语句安排妥帖，句式规范，变化适当；③ 组织井然有序，逻辑性强；④ 修辞手段使用得当。即便是被认为枯燥、干涩的公文只要符合这些标准也都应该进入审美客体之列。

3. 观念剖析功能

观念剖析类功能的文本大都是议论文，议论文美在服人以真理。因此，语言的运用具有高度的解析力和说服力，感性表现可以对此加以强调。于是，审美焦点就变成了有利的用词和有气势的文句。

**例 3**：The modern-minded man, although he believes profoundly in the wisdom of his period, must be presumed to be very modest about his personal powers. His highest hope is to think first what is about to be thought, to say what is about to be said and to feel what is about to be felt; he has no wish to think better thoughts than his neighbours, to say things showing more insight, or to have emotions which are ahead of others in point of time.

**译文：**具有现代头脑的人在看待他本人的能力时应该是十分谦虚的，尽管他对自己所处时代的智慧深信不疑。他最大的愿望就是，先于他人思想，先于他人表达，先于他人感受。他并不希望自己能够说出更加高明的话语，不希望自己能够比邻居的头脑更加灵光，也不希望能够具有超前的情感。

**例 4：**Men have in fact obtain more power over matter, but to change it is im-possible. It may be said that all works of art, all ideas of life, all philosophies are "As if", but I am suggesting that they can be checked with an objective reality. They might be called propositions for truth and their truth can be decided by their correspondence with the real. Man can't change the elemental characters. If you could, the world would probably vanish into nothing.

**译文：**的确，人获得了对物质的更多的权力，但要改变物质则不可能。也许有人会认为，"假如"是所有的生活理想、艺术品及哲学理念的基础。但我认为客观现实可以检验这一切。与现实相符合的程度可以用来判定真理的真实性。人不能对事故的基本性质进行改变，如果能改变事物的基本性质，世界也许会在人类眼前消失。

议论文作者需要对内容的真实性予以保证，除此之外，形式上的美也需要被关注。有许多作者会对文本的修辞、气势及风格十分讲究。

4. 感悟启发功能

"情"是感悟，启发表达为理念上的以及理性的感慨手段。审美主体，如果有深厚的感悟，就会抒发情怀，往往能高屋建瓴，仿佛在与民族和历史人类进行对话。中国文学史上最典型的感悟诗，当推唐代陈子昂的《登幽州台歌》：

前不见古人，后不见来者。
念天地之悠悠，独怆然而涕下。

《唐诗快》对这四句诗的评论是这样的：子昂有万古的胸怀，眼底却无法留有一人。这种评论不是夸张，陈子昂是当时少有的成大器者，只不过生不逢时，没有遇到知音。诗人为陈子昂愤愤不平，抒发自己无限的感慨。下面是陈子昂诗的译文：

None of the ancients before my time,
And none of the generations to come.
Speechless before the universe untold,
Alone, tears in my eyes hard to withhold.

### （三）翻译审美客体的形态

（1）物态审美客体。物态的审美客体包括：① 进入了人的审美观的自然景象与景物；② 统称为“形式”的各种存在（如有美感的圆形、方形、线条、色彩、声音、节奏、气味、质地等）；③ 人的有美感的形体因素，如面容、体型等。

（2）审美化精神活动成果。这类客体包含艺术创作、文艺活动等，除此之外，人的高级精神表现也包括在内。

翻译审美的客体——文本属于审美化精神活动成果。主体审美对象就是审美客体，审美主体的规定性也在这个客体当中体现出来，这个基本属性是所有审美客体都具备的属性。

### （四）翻译审美客体的结构

原文文本是审美的客体，任何一个原文文本都有相同的内在结构体系：逻辑关联、审美信息、语音文字结构。其中，审美客体的整个基础构架是语音文字结构，内容的实体结构是语义结构，语义结构能够带来语言美。语言美的哲学依据则是逻辑结构，文本需要具备逻辑规范。

审美模块是翻译审美所要关注的重心，翻译审美对翻译操作的整体观进行提倡，不仅仅要顾及修辞的表面，还要考虑语言的结构和意义、逻辑等，也就是唯美派。语言审美如果只是纯形式结构的美，那么它就是低品位的美，很可能会被视为文字游戏。

### （五）翻译审美的转换障碍

“审美转换障碍”是指语际审美中的跨语言文化审美转换障碍。语言中的审美信息涉及“音、形、色、象、意、情、景、境”八个维度，还涉及语法形态和语法手段的表意问题。翻译美学对这个问题没有硬性的答案。“语言审美语际转换障碍”是一个非常复杂、非常值得从多层面加以研究的问题。包括需要深入探讨的理论问题：① 意义（意蕴）的审美形象表现的跨文化转换条件及障碍。西方价值观念有很大差异时，在翻译中有很多不同对策；② 研究比较审美价值观；③ 研究比较中西方审美情感，比较的视角是价值观视角，这里会对中西方审美情感的异同进行广泛的对比研究，联系着翻译审美表现法；④ 表现了翻译审美客体的形式。

在审美客体层面有许多的深层理论问题，理论研究将会在翻译美学领域内进一步开展，希望具有翻译经验和工作经验的人员能够积极地参与讨论。

# 第四节　关于翻译审美的价值论

## 一、翻译审美价值的意涵与评估

人类文化价值是一个很广泛的系统，翻译审美价值（aesthetic value）属于语言文化价值，因此也叫作“翻译的文化审美价值”（cultural values in aesthetics for translation），通常而言，“文化审美”也涵盖“语言审美”，因为没有不涉及特定文化的语言审美和翻译审美。比如文学翻译、新闻翻译、法律翻译、科技翻译、旅游翻译等不同题材、不同文体的翻译审美活动，不同民族都有不同的文化特色、文化内涵，其中所涉及的问题，无不反映在语言中，也就反映在翻译中。有时，“文化审美”泛指或专指特定文化事物或文化现象的审美标准、规范或规约，这些标准、规约或规范都是为保证人们特定的“文化需求满足”，因而具有特定的文化审美价值，也就具有了翻译的审美价值。为了透彻地了解这个问题，还得进一步探究一般审美价值的主要特征。

### （一）翻译审美价值的意涵

价值体现在不断满足内在的需求，所以价值包括常见的客观事物，都和审美客体作用于审美主体的意义（significance）、功用（usefulness）、效能、适用度有关，这种作用表现形式为基本素质和基本状态，比如性质、组织成分、内在结构、外在联系等，同时还指站在主体的角度，对客观事物和外部世界以及环境之间的相互关系包括联系和对立等满足主体需求的程度大小，也称为 satisfiability。另外价值还有一层含义即动态比较，这是由于客观事物的价值需要通过比较才能看出。值得一提的是，翻译审美的价值与如何统筹看待双语的审美有紧密的联系，它不同于其他事物，研究分析比较困难，所以，暂且对常见的概念进行定义：

（1）翻译的审美价值（Aesthetic Value，AV），审美价值指审美客体对主体的审美需求满足。而需求满足则是主体对客体的一种积极的心理反应。可见 AV 是根源于主客体的相互作用，它是“供需规律性”与“审美目的性”的集中体现。通常讲，需求满足代表了事物的审美性远大于实用性，实用性是审美性的前提。翻译也是这个道理，比如科普应用文、药品说明、商业合同等实用性翻译一般只需要达到基础性的审美需求即可，即做到语言表达通顺，格式恰当，也就是“善达”。但是艺术性翻译的审美需求需要具备更高的标准，即对需求满足能够有全方位、立体化的语言优化，也就是严复提出的“信、达、雅”。

（2）翻译的审美价值原则（Principles Pertaining to Values），“原则”指指导、规管、约定价值观的若干基本准则，换言之，翻译批评审美原则，一般不涉及主流的或非主流的政治意识形态，但与主体的道德理念密不可分。审美艺术观因人而异、体现社会和群体的道德理念和艺术理念，而审美价值原则是不能因人而异的。

（3）翻译的审美价值标准（Aesthetic Values and Criteria for Translation, AVCT），在翻译的审美评价体系中，“价值”与“标准”代表具有一定联系的两个方面。在常见的用法中，“标准”指的是能够实现“价值”的程度，一般是能够用具体数字来量化的，比如“标准值”（standard value）、“标准成本额”（standard cost）。价值能够划分为各种等级，然而没有具体的数值来量化，因此当人们把“翻译的价值的标准”或对翻译质量进行等级划分时，就用“价值标准”作依据，相当于常言所谓的“尺度”（yardstick），尽管人们在翻译批评中也常有些量化表述，但从未取得翻译界的共识。

（4）翻译的审美价值体现（Aesthetic Value Embodiment, AVE），所谓“价值体现”可以是有形的，也可以是无形的，一般指二者的结合，即体现审美需求的内容与形式、体量与素质等。这中间，主题和形式美所具有的整合性审美价值（如构图和色彩优美的画），常常表现为可以引起主体的愉悦感，即需求满足的效果。对翻译而言，译文达致的“愉悦感”通常体现译者的审美价值理念。

### （二）翻译审美的评估方法

关于翻译审美的评估，通常有以下方法。

#### 1. 基本语义描写性评估

基本语义描写性评估指的是运用描述性词语或摹状词语来评价艺术品。从人类的审美经验来看，语义描写体现出人性化的特点，在一定程度上可以反映出客体的审美特性。比如可以用“磅礴”来形容翻滚的海浪，用“坚贞”来突出松竹梅不畏严寒的精神，用“灿烂”来描绘清晨的云霞等，假如符合现实条件，就可以接受这种评估方式。“摹状”本身就是一种人文描写评估，它可能只具有感官的“表面价值”，但不能否认它确实道出了事物的某种价值。“美人鱼”可能既不是美人，也不是“鱼”，但它确实为你提供了一个令人遐想翩翩的“审美概念框架”。并且，当人们不能准确把握客体的结构时，可以从语义框架进行描写。人们的美学审美标准是：准确恰当的语义描写不但能够展示主体的审美倾向，还可以使受众产生代入感，感同身受，尽管只具有一种是感官的、表面的、引人遐想的审美特点。

#### 2. 多维感性描写性评估

如果对艺术品评估进行准确的判定，只依靠一般化的非专业语义描写是远远不够的。审美评估常常需要有一个能标举独特性或个性化的“描写特征”与“描写范式”，以显示现实事物的独特美，中国美学称之为“奇趣”，这样才具有审美价值。

所谓审美信息描写的质量其实也就是审美结构描写的质量。就翻译而言，审美信息描写就是对原语的语言结构审美信息的全景式或非全景式审美扫描，这种描写是有雅俗之分的。

语言美具有多维性的结构形式，外在美与内在美是相互影响，相互促进的关系，不能简单理解，不能局限于外在的声色结构。通过对外在的审美形式描写结合与内在的审美结构分析，才能收获良好的审美体验。这就是屈原的审美价直观——“内美”与“外秀”结合论。

## 二、翻译美学的价值原则

语言离不开相对性（Language calls for relativity），翻译美学亦复如此；因为相对性正是人文性的普遍特征，尤其是价值观问题，涉及文化和美，“价值观”是一个经常被作为讨论研究对象而又容易各执己见的课题，“翻译审美价值观”也是这样。但价值观与价值原则并不是一回事。价值原则（Principles of pertaining to values）指指导、规管、约定人们的价值观的若干基本准则，是观念形态的东西，不是指价值观本身。犹如在金融市场，每个人都有自己关于金融价值的观念，但每个人这样、那样的价值观念和活动不能不受与此有关的、成文或不成文的银监规管和约束，不能只要能获得自己心目中的“套现价值”就随心所欲。翻译也一样，翻译有翻译的价值观，但也有翻译的价值原则的规管。

就翻译美学而言，价值原则可以概括为“有原则的相对性”（Principled Relativity，PR）。这个“有原则”就是目的语文化适应性，比较具体的说法就是目的语读者接受。下面将“有原则的相对论”逐一解释：

### （一）关于原语的语言形式

翻译审美必然涉及两种语言的形式，语言形式必然涉及语言文化。原语与译语这两种语言文化很可能有很多、很基本的“家族相似性”，例如印欧语与印欧语之间的“家族相似性”就比非印欧语（比如汉语）之间的“家族相似性”要多得多、明显得多，其异同之处体现在：① 文字系统；② 语言形体美设计，即文字体系上的形式美修辞设计；③ 语音形式及变式上的审美修辞设计（如语音、音韵、节奏、格律等）；④ 句法结构形式及变式上的审美设计等。例如李清照的“寻寻觅觅，冷冷清清，凄凄惨惨戚戚”七叠“散珠落玉盘”，迄今已有八式刻意模仿，这中间当然也有不错的对应式，至少是有意义的尝试，但没有一式可以称得上有什么尚可与原语媲美的感人诗意。

### （二）关于原语的语义内容

语言中的意义对翻译而言当然是非常重要的，“忠信”（意义上尽可能贴近原文）诚然是一条基本原则。特别是在正式的公文（如外交照会、法律条文、国际协定、合同意向或条款）中词义要求严谨确切，绝无语义含混（ambiguity）之处，自是必然。但就一般文本而言，在文化语境的制约下，意义常有一个“相通不相通”的问题。

典故、俗语、双关语、幽默语常常是翻译中的难点。问题出在意义不相通，这时只关注字面意义是毫无意义的。有一条审美原则所有的译者不可不知，意义把握有一个诀窍，这个“诀窍”是译者必须破冰而入，领悟到意义整体结构的最深层。文字只是一串常常迷惑人的符号，或者叫作“幌子”，作者的深情和实意大都隐藏在最深层。

### （三）关于文化审美观念

文化观念是相当复杂的事情，文化审美观念则更难把握。简单化的“二元对立模式”（如“归化”VS“异化”，“直译”VS“意译”等）根本不能解决问题。比如中西方对“龙”的看法就大相径庭，“龙”成为中国人熟悉的意象图腾，历史久矣。它的象征含义也各有解释，要在全世界华人中废除龙的象征意义和图像基本上是不可能的。这就不必迁就他人，因为文化有个很强烈的传承属性——民族思维和活动的主体性。但无论如何，人的审美观念和手段是可以优化、调节乃至完全转变的。例如，人们不妨将“龙”的外形加以柔性化、亲和化。历史悠久的民族审美观念（如中西方对“红”与“白”的审美寓意）原本也差之甚远，现在已有慢慢接近的趋势，“中国红”近年经常出现在西方的节庆日中。人的处世原则当然不应“左右逢源”（worldliness；tactfulness；being very slick），但是审美原则确实还是做到能“左右逢源”（指灵活机动性，因应调节性，flexibility，adaptability）一点为好。语言中的文化审美观念及其表现和陈述方式，必须充分考虑目的语的读者接受，在利用功能代偿式的同时，先充分考虑原语民族主体性的美之所由、美之所在，慢慢扩展和提升自己的审美观。

### （四）关于“意”的把握

在中国哲学和美学中，“意”是一个复杂的审美心理范畴，包括意义、意象、意境、意蕴等，其语义涵盖从感性和理性；人类最初始形态的“意”是“意识”（consciousness）。对“意”的把握和表现是文学语言文化审美的难题之一。不同语言中有很多不同的文学描写手法，但是深层意蕴几乎脉脉相通，“水似眼波横，山似眉峰聚”，中西仕女皆然。不同民族文化的人领悟到的意象、意境和意蕴常常可以说是不约而同的。不同语言文化中的人都会认为其味无穷。例如唐代的李益写过两句诗“门开风动竹，疑是故人来”，其中的思绪、情致、情味，对景物描绘之真切，对故人期盼之深切，其中蕴含的意象、意境、意蕴实在很美，东西方的人读起来都会觉得非常清雅，又很实在。

英语里也有很多这种意蕴深刻的句子，中国人也觉得很有味道，例如“Good friends are like stars you don’t always see them but you know they are always there”（良友似恒星，虽不见，常在心），讲得很淡静，但意蕴深深，“实”中有“虚”，使人记忆良深。但与此同时，有些情形就远远不是这样了。有时中国人认为“虚”中有可贵之“实”，“实”中有可贵之“虚”，而西方人则认为恰恰相反。比如，中国人讲究忠孝之道，常有怀乡、思乡之情，知恩图报等，这些都被中国人公认为是积极的伦理观念和情操。但西方人常常不以为然，看不到“实”中之“虚”，或“虚”中之“实”。其实这都是文化价值观上的差异，容许各有千秋。中国人的许多观念源于大陆农耕文化，而西方很多观念则源于城邦文化或岛国文化。中西方艺术价值与观念价值“脉脉相通”之处其实很多，但并不相同甚至相悖的地方也常常有。译者的原则也只能把握“相对性”，善于进行换位思考，以虚实相权、择善从优的对策思想，做出有助于文化的阐释和转换。

## 三、翻译审美价值的多维体现

主体心理效能得到满足主要体现在价值上，通常表现得比较具体，然而假如“价值”没有通过合适的形式展现，就相当于没有审美的“价值体现”（value materialization）或“价值表现”（value embodiment）的量化标准，那么人们就无法道出这种“价值”、评估这种“价值”[1]。语言转换的结果——翻译也一样，某些价值一定会在翻译中表现出来。因此，可以借用中国传统文化提出的行文审美形态来标示翻译审美价值的多维表现：

### （一）翻译审美的精思炼意

如果认为文艺作品翻译的价值体现为情致意趣的满足感，学术翻译、科技翻译的价值则表现在情志上的满足感，那么，法律翻译、科技翻译、公文翻译等的价值体现指的就是从思维—逻辑表述能力角度获得最大程度的满足感：也就是所谓得益于“精思炼意”。在思维上能够精准分析到位，从表达方式上字斟句酌、精益求精。公文、法律翻译通常让人感觉枯燥乏味，法律翻译、科技翻译、公文翻译以及除广告以外的商业翻译体现的审美价值原则有以下四点：

第一，原语与译语的词义的本身义和引申义需要反复斟酌达到精益求精。

第二，原语与译语的句子结构和结构变式需要近似或者经过代偿性结构安排，尤其是要强调语义等进行修辞修饰时。

第三，原语具有引申义或者作者想要表达某种非歧义时，译语同时需要进行

[1] 刘宓庆，章艳著．翻译美学教程［M］．北京：中译出版社，2016.

恰当考虑或代偿性结构安排。

第四，译语的正式等级（Level of Speech）及语言表达风格必须与原语近似，但也应该尊重译语社会文化特点，并考虑受众的接受程度。

（二）翻译审美的质朴纯真

专家学者在晚年所追求的往往是语言的“朴”和“真”。同时这种审美价值体现也是新闻翻译、传记翻译、旅游翻译、广告翻译、公示语翻译的基础，可以使人产生发自内心的信服感（汉代刘安，公元前179—122，称之为“玄同”，见《淮南子·说山训》），并伴随强烈的满足感。即所谓“使自然而明理知情”。因为，可以使人明理知情的文字必须首先是自然真实的（truth-telling），必须力戒矫情（affectation）。语言必须是服人的，才能是感人的。写得情理剔透的散文杂感、写得娓娓动人的新闻报道、写得本真而有情致的羁旅游记乃至基于事实的历史纪事和人物生平追踪等，总而言之都是符合了所谓“真善美”这个经典指标。

综上所列即为翻译审美价值所表现出的四种“基本形态”（Delightfulness，Instructiveness，Refinement and Naturalness）。换而言之，就是译文的审美价值得以体现的四个主要的特征，中外皆然。翻译批评不应该忽视这四个方面的审美体现评估。

实际情况显示，客体所有的审美价值表现需要建立在主体的翻译审美价值观（views on values）的审视、认同和感官体验互动基础之上。然而需要高度警惕，当结束翻译活动时，翻译审美主体就会变成两个维度的实体：一个维度是译者，另一个维度是翻译鉴赏者或者读者。他们的审美价值观是否一致不好确定，有时候译者自我感觉翻译得非常好，而鉴赏者反响一般。审美价值观存在着个体差异性，这是由价值分析能否符合规范的说明所决定的。解决人们对翻译价值观的分歧，只有不偏执于一方，才能最大限度避免主观性，保持理性，同时应该把业内专家的意见纳入统筹考虑。

显而易见，现在讨论的是审美价值的基本理论原则，这方面的共识很容易通过讨论研究出来的。但是在这个大千世界里，价值观历来见仁见智；本书只能求得审美品位和趣味的最大公约数。

（三）翻译审美的赏心悦目

毋庸置疑，“翻译”不仅用来指过程（process）而且能够用来指示产品（product），所以翻译的审美价值具有多维度的特性。翻译审美所具有的整体性价值体现（a holistic embodiment of values）就是：“赏心悦目”（please the heart and eyes，as a beautiful sight does），即不仅满足“目”的要求，而且满足“心”的要求，文学文本就是这个原因的典型例子。通常讲的“整体性价值体现”，指的是具有多维性的价值体现的“审美价值集合”，这一个“审美价值集合”还可以做出如下翻译审美价值分析式集合（A Complex of Aesthetic Values in Translation）：

（1）翻译的审美意义转换：价值体现的是认知上的准确性（preciseness）。翻译中的意义—意向转换的标准是能够体现出“真善美”这个经典标准、普世标准。理论源于思想意识，因此从认知角度来说指的就是准确性。

（2）翻译的审美形式转换：价值体现就是从感官出发获得的愉悦感（pleasantness）。翻译中的语言形式转换的标准是能够体现出“择善从优”这个功能主义的审美标准。形式来源于感官，所以从感知角度来说就是愉悦感。

（3）翻译的审美情态转换：价值体现指的是情感方面获得的满足感（content）。翻译中的情态（sense modality，Goldman）转换的标准是能够体现主体在审美体验中获得的满足感。

（4）翻译的审美意蕴转换：价值体现指的是情趣感受的充实感（richness）。“意蕴”通常指文章的引申义以及韵味、情致、意趣等抽象的、超文本的审美信息。翻译中的意蕴转换如何才能达到美的标准呢？翻译美学给出的答案是：能够映射主体在审美情致感受中的充实感。

（5）翻译的文化审美转换：价值体现指的是文化上的受益感（acquisitiveness）。翻译中的文化转换的标准是能够突出主体在审美文化信息获得上的受益感。

总而言之，上文从五个方面构筑了多维审视体系，完整地展示了翻译审美的“整体性价值体现”。另外，视听翻译（AVT）也能够划分不同等级，从这个方面可以总结出，文学文本尤其是经典的世界文学作品具有以上五方面的整体性审美价值，其他的翻译文本并不都具备，比如学术翻译、科技翻译、法律翻译、公文翻译、商业翻译等，这些所体现出的翻译审美标准都应有其特性。

### （四）翻译审美的益智怡情

在大多数情况下，人们想从翻译中满足心智上的需求，提升认知水平，追求更高的职业理想等，而不仅仅是为了要“赏心悦目”。比如学术翻译、新闻报道翻译的审美价值就体现为“益智”与“怡情”，或者说能够在有效的“益智”中获得满足的“怡情”。严复在这一点上堪称学术先锋。仔细阅读严复的学术翻译能够同时获得充分的审美益智和怡情满足。

站在翻译审美的语言形式标准的历史观角度，对于如此优美的学术翻译是足够达到“益智怡情”体验的。值得一提的是语言形式美同时需要结合语义上的代偿表述的准确度。从个别方面来看，在严复的翻译中存在一定的缺陷。

# 第五章　跨文化视野下的翻译探索

跨文化视域下，翻译俨然成为一项重要的语言技能，要获取这项语言技能，必先具备扎实的理论知识，进而才能逐步过渡到实践中来。因而在学习中首先要透过文化视角认识到语言的差异，然后从差异入手，进行语言的翻译与转换。本章主要围绕文化与语言关系剖析、跨文化与翻译关系揭示以及跨文化翻译中的归化与异化进行分析。

## 第一节　文化与语言关系剖析

### 一、文化的认知

有关“文化”这一词汇的源流，古代和现代有着完全不一样的说法。汉代《说苑·指武》有云：“文化不改，然后加诛。”这是第一次对“文化”一词的记载，此处的“文化”和“武功”对应，强调教化的含义，主要传递的是社会治理的方法与意义。

culture 这一词汇的含义是“保护、崇拜、居住、耕种”，源自拉丁文 cul-turn。曾经其含义是犁，指动作和过程，后来延伸出其他的含义，即培养人的品质和技能。直到 18 世纪，这一词汇又有了新的引申义，即“整个社会里知识发展的普遍状态”“心灵的普遍状态与习惯”和“各种艺术的普遍状态”。

#### （一）文化的特性

1. 文化的动态性

文化具有动态性，而且是绝对的动态性，文化的动态性具有两种原因：一是内因；二是外因。

文化动态性的外因是：文化间的交流传播会影响文化内部要素发生量变乃至质变。各个国家与民族之间在社会、政治、经济等领域的文化交流与互鉴，都可能造成本土文化发生改变。

文化动态性的内因是：文化存在的目的是为了满足人类生存和发展的需要，它也会随着生存发展条件的改变而改变。在人类文化发展的历史长河中，科技的创新发展会对人类的思想举止产生重大影响，可见重大的科技发明和成果对文化的变迁起着巨大的推动作用。

2. 文化的符号性

文化具有符号性，任何文化的传播都依靠符号进行，文化是符号的象征，文化也是人类思维举止的象征。之所以说人是一种符号动物，是因为人类最醒目的象征就是符号化的思维举止，文化就是在运用符号。人类创造文化的过程就是人类将认知世界的结果转化成有形的外在行为，这些行为方式就是文化符号，长此以往便形成了人类的生存规则。人类在日常生活中都会遵循这些规则的指引，整个世界都具有符号性。一方面人类无法摆脱文化的藩篱；另一方面又在这种文化氛围中彰显自身的价值。

正是由于文化的这种符号性特征，才使得文化与交际二者之间存在同一性。文化是符号和意义的模式体系，交际是文化编码和解码的过程，语言是文化编码和解码的手段。在交际过程中，经常会出现误解，想要使交际过程顺利进行，规避误解的发生，交际双方就必须对同一个符号有着相似或者一致的认知。在实际的交际过程中存在一种潜在的风险，即差异，要想避免“差异”的发生，交际双方就需要对同一套文化行为准则有一致地遵循。

3. 文化的整合性

文化具有整合性，文化能够彰显一个群体的行为准则，群体成员的言行举止都能够体现文化的特征，这样才出现东方文化、西方文化以及各个国家文化等说法，另外主流文化包括地域文化、群体文化以及亚文化等。文化的核心组成有世界观和价值观，社会关系、社会地位和社会组织等都被归为文化范畴，人们的交际方式都要由文化来界定。因此，文化可以看作是由多种因素共同组成的一个整体，其中各个要素之间互补相融，同时对民族性格的打造起着重要作用。每个民族的文化都有一个甚至几个内核，这些文化内核对整个民族文化发挥着整合价值。另外，文化的整合性可以帮助文化在动态变化中保持一定的稳定性，譬如，中国传统文化中天人合一的世界观和经国济世的价值观，作为中国文化的精神内核对中国文化的传承和发展一直起着整合作用。显然，不同的文化具有不同的文化内核，会致使人们在价值观、行为举止以及生活方式等方面都存在差异性，只有交际双方互相理解对方的文化内涵，才能在交际行为中保持友好顺畅。

4. 文化的民族性

文化具有民族性，文化是人类社会的组成部分，而人类社会又是以民族为单位进行划分的，可见文化也是民族的重要成分。文化和民族具有相同的疆界，民族具有明显的文化特性。譬如，古希腊、古埃及、古印度和古代中国四大上古文明的文化特性完全不同；美国、英国以及日本同属于发达国家，但是它们的文化都有各自的特点。当在一个大的社会环境下存在多种民族的时候，文化就难以保持一致性，其中必定存在具有差异的亚文化，从而使得在文化大传统之下存在各种具有特点的文化小传统。所以，在整个文化范围内，各种不同区域、不同民族的文化会同时存在。

由此可见文化的选择性。人们会选择对自己的文化有价值的规范准则，因此人们所遵守的准则存在局限性。正是因为文化存在选择性，才致使民族主义或者群体主义的出现，所以文化的这一特征对交际而言相当重要。人类在交际中出现民族主义或者群体主义的思想是较为常见的，人类会不由自主地将自己的文化意识作为主导进而评价其他文化范围内人们的行为，所以，民族主义或者群体主义也会造成交际中的误解，严重时甚至会导致文化冲突的发生。

### （二）文化的类型

#### 1. 从表现形式方面划分

文化从表现形式上可以分为三种，即物质文化、精神文化和制度文化，这是当前人们普遍接受的文化分类方式。

人类在社会实践中的物质生产活动和产品相加就是物质文化。文化最基本的一种便是物质文化，它的目的是给人类提供最基本的衣、食、住、行的需要，给人类生产和生活环境提供物质材料。物质文化对自然界进行最直接的物质改造，而且最后会通过物质实体的形式体现出来。

人类对世界进行认知以及对自身进行完善所需要的知识上的手段就是精神文化，它属于文化的意识形态部分，主要包含文学、哲学、艺术、伦理、道德以及价值观等。精神文化是文化的精神内核，它是人类在长期物质生产和思想意识活动中生发而出的，也可称作观念文化。

人类在社会实践活动中创建的各种规章准则、组织形式和法律法规等就是制度文化。人类在进行物质生产创造物质财富的过程中，创建了一套既可以服务人类自身，又可以对人类行为有所约束的社会环境，这样一个能够调整内部关系的系统，可以帮助人类更好地与客观世界进行对话交流。

#### 2. 从内涵方面划分

文化从内涵上可分为两种，即知识文化和交际文化。

知识文化指的是跨文化交际过程中尚未体现出的、有着直接影响的文化知识，常常以物质形式体现出来，比如文物古迹、艺术品、收藏品等实物。

交际文化指在跨文化交际中体现出的、具有直接影响的文化内容，通常以非物质的形式体现出来。可见，后者是值得专家学者潜心探索的重点。对于交际文化而言，只有对不易察觉的内隐式的交际文化进行深入的分析探究，掌握交际对方的心理特征、情感价值观等，才有可能获得更加深层次的交往，比如学术交流、文化互鉴、商务往来以及政治外交等。外显的交际文化，比如社会习俗和生活方式等更易被察觉和掌握，而内隐的交际文化，比如世界观、价值观以及思维特征等很难被摸清和掌握，但后者的重要性却很明显。

3. 从层次方面划分

文化从层次上可以分为三种，即高层文化、深层文化以及民间文化。高层文化也叫作精英文化，指具有比较高雅的文化内涵，比如文学、哲学、艺术等的文化。深层文化又叫作背景文化，指的是内隐不外显却具有指导和决定功能的文化，比如世界观、价值观、心理特征、思维方式等。由此可见，深层文化与前文提到的内隐交际文化相一致。民间文化又叫作通俗文化，指的是与人类的日产生活有关的文化内涵，比如生活习惯、社会习俗以及社交规则等。

4. 从价值体系与地位方面划分

文化从价值体系和地位高低上可分为两种，即主文化和亚文化。主文化和亚文化都能够体现一个政治共同体的价值差异和社会分化的不同情况。

主文化指的是能够被人们普遍认同和接受的文化，它在社会上占据主导位置。主文化在政治共同体内是最合理、合法的存在，它有三个分支含义：一是注重对权力的支配的主导文化；二是占据整体主要部分的主体文化；三是某一时期的主流文化。其中，主导文化拥有对权力的支配，主体文化是在长期的社会发展中形成的，主流文化是现在社会的思想潮流。

亚文化又叫作副文化，主要被社会某一群体所持，只有一部分人可以接受。在亚文化范围内的价值取向和主文化相比完全不同，并且亚文化在文化权力中从属于主文化，在文化整体上占有次要地位。亚文化又可以分为休闲亚文化、宗教亚文化和校园亚文化等。一般而言，亚文化不会与主文化起冲突或者相抗衡。然而，当某种亚文化发展到一定程度与主文化对抗时，那么它就变成了反文化。反文化并不一定是消极落后的文化，就像文化并不都是积极先进的一样。文化和反文化之间在一定前提下可以相互转化，二者之间的关系可以看作是审美差异的对立。

5. 从文化对语境的依赖程度方面划分

文化从文化对语境的依赖程度上可分为两种，即高语境文化和低语境文化。语言是人类进行交流的工具，而语言交流一定发生在特定的语境中。

如果人们处于不同的文化语境中，那么他们通过语言进行交流的方式和效果就会大不一样，甚至会阻碍双方交际的顺畅度。基于此，文化有高语境文化和低语境文化之分。高语境文化下的交际强调很多信息内容存储于交际者的大脑或者自然环境中，只要很少一部分通过符号的形式传送。相反，低语境文化下的交际通过符号进行信息的传送。

高语境文化指的是通过高度依靠语境并且借用非语言符号发生交际的文化；低语境文化指不用完全依靠语境并且利用语言符号发生交际的文化。两种语境下的人在进行交际时发生矛盾的概率是很高的。对低语境文化而言，语言信息在交际过程中是最重要的，进行交际时需要对方在语言表述上更加完整清晰，不然他们会因为对信息内容了解不清楚而产生迷惑。相反，高语境文化的人就会觉得事实讲出来即可，不需要过多完整准确的语言描述，这时低语境人的会产生不解，进而继续询问，高语境的人就会没有耐心甚至生气，这样二者之间便产生了误解。

高语境文化与低语境文化二者之间还可以进行信息内容的转换。高语境文化中交际内容可以轻松简单地转换为低语境文化中的交际内容，但是高语境文化中的语境信息却很难以转换为低语境文化中的语境信息，这时需要借助低语境文化中的交际内容作为补充。

6. 从民族文化比较方面划分

文化从民族文化比较上可以分为两种，即评比性文化与非评比性文化。

评比性文化指具有高低优劣之分的文化。这是一种易于被人们辨别的文化，譬如，和平文化属于优等文化，而暴力文化则属于劣等文化。

非评比性文化也被称为中性文化，指没有高等优劣之分的文化。非评比性文化一般与人们的行为方式、风俗习惯、审美情趣等相联系，如行为方式、玩笑方式、禁忌等。[1] 人们对非评比性文化的认同和尊重，就是对不同民族之间平等身份的认同，是对不同民族文化的尊重。

### （三）文化的功能

1. 渗透性功能

现在，文化已进入生活中的各个地方，变为人们基本的、生活上的需要。至今文化已变成符合人类以下需求的重要途径为综合需求、派生需求与基本需求。符合这三个需求的渠道被文化的不同所影响着，不过在根本上人类需要文化的帮助的原因是为了健康并正常地生活。

2. 引导性功能

以人类在世界上的出现为起始点，文化一直给人类提供了行为方式，带领其行为或举止满足所指定的文化行为规范。正是因为文化熏陶的存在，人类才能够渐渐生成其文化的思考方法，而且顺应某些交往方式、生活方式和社会习俗，使得可以在指定文化内毫无束缚地存留。没有文化的带领，人类的观点反而不能和其他人流畅的沟通，全社会也将缺乏秩序、缺乏组织性。文化可以使人类懂得应用这么多年来发生的、进化中所累积的智慧，并和社会、和他人顺利和平地交

---

[1] 于斌. 中西文化背景下语言差异的表现——评《英汉语言对比与中西文化差异探究》[J]. 大学教育科学，2017（3）：132.

流，使得他们顺畅地、健康地朝前进步。

3. 认知性功能

文化有助于人类正视世界，并解决关于文化的麻烦。文化是必须存在的，其原因是文化让人类清晰地了解、认识周围的环境。只有实现对身边环境的了解，才可以用合适的途径和社会，和他人顺利地沟通，实现流畅生活。

### （四）文化的渊源

人类的身体与水息息相关，水是生命的源头。文化为人类于具有不一样环境的实践过程中打造出生活途径与生活条件。由于人类形成了文化，人类的生命源于水，因此文化和水便紧紧连接在一起。

在历史初期，我国与巴比伦、埃及的源头同样均为大河文明。我国的中华文化的来源为黄河中下游一带，考古学已证明了该点。在西方和中国，文明之源均和水关系紧密。黄河形成了我国的文化，两条河的流经区域使巴比伦的文化繁荣起来，尼罗河形成了古埃及的文明，地中海带来了希腊罗马的灿烂。

人类形成文化，不过人类不可以胡乱创新历史或者文化。西方文化由西方人在西方的特定历史时间和空间中创造，而中华文化由中国人在我国的特定的历史时间和空间中创造。所有文化均属于人与自然之间互相作用的生成物，如果环境发生改变，那么文化也将发生改变。以历时性为视角，民族的文化在提升生产力水平时被强化，符合生产力水平的民族文化为“先进”的，不然便为“落后”的。以共时性为视角，任何文化均属于在这个时候、在这个地方的人类想要顺应生活氛围的自身抉择打造的结果，因此文化不分“先进”与“落后”。如果将“先进”文化带到“落后”的国家，将引发水土不服，反之亦然。所以世界一定要涵盖多元文化。

在全球化的语言环境中，中方文化与西方文化极其经常地发生矛盾和冲击。为了合理掌管世界范围的文化，务必在起源之处对比中方文化和西方文化。形成文化的起始点被生活方式与自然环境所决定，所以只能通过对中方和西方文化、政治、经济初始情况的认知，才可以明白这两类文明的内涵。

## 二、语言的认知

### （一）语言的源起

语言也就是人类语言的起源，这个语言并不是某种具体的语言，比如英语。语言的起源在很早开始就被人类所探寻，人类对语言的起源提出了很多猜测，但如今统一的定论依然没有形成，人们探索语言起源的动机是好奇。人类紧密地联系着自身的语言，探索语言的起源就是推测人类的起源。

这些观点都没有直接的依据，只是一些猜想。进化论是主要的语言起源的假说，这个观点认为人类进化带来了语言。下面将对进化论中的假说进行重点探讨。

（1）“哟嚯论”。哟嚯论由弗雷德里奇恩格斯提出，这个观点认为，语言是人类在制造工具、搭建棚屋等劳动活动时产生的，劳动是语言的起源。大脑被人类的发声器官推动进化，语言的进化也受到大脑进化的推动。

（2）“汪汪论”。汪汪论的观点由德国学者马克思缪勒提出，这个理论认为，人类在模仿自然界声音时创造了语言。在不断地重复中，其模仿的声音被固化，最后成为固定的自然现象或者动物的名称。

汪汪论从客观来看，是拟生词的由来。但是这个理论也存在弊端，其具体的弊端有两种：第一，在语言中，拟声词占有很小的比例，并不能对非拟声词的由来进行解释；第二，如果人类对自然界声音的模仿是语言的起源，那么，语言之间应该具有很大的相似性。但事实上，不同语言对同一自然界的声音表述是不同的。因此，这个理论不能明确地解释这个现象。事实上，拟生词绝大多数都是对自然界声音的模仿，但是它以某种语言的声音系统为基础。

（3）“噗噗论”。噗噗论认为人类在表达情感的过程中产生了语言。人类会感受喜怒哀乐等情感，在表达情感时人类会进行呼号，比如，人们常常会在忍受病痛时发出“哎哟”等声音，因此，这个词就被用来表达疼痛。这种方式是新词不断创造的方式，久而久之便形成了语言。但这一理论存在弊端，它不能解释为何不同语言表达同一感受时运用不同的声音，中国人在感受疼痛时喊“哎哟”，美国人在疼痛时却喊“ouch”。因此，语言起源的这个理论假设有可能是虚构的。

（4）“塔塔论”。塔塔论认为发声器官在模仿身体动作时产生了语言。人的嘴巴在对手的动作进行模仿时常常发出塔塔的声音，这就形成了这个理论的名称。这个理论认为，人们在模仿手的动作时常常用舌头嘴唇和上下颌骨进行联动模仿。佩吉特氏是这个理论的代表人物，他猜测人类祖先的交流是通过手配合嘴部动作进行的，到后期逐渐演变为嘴部交流，由此形成了语言。

目前可以确定的是并没有足够的证据证实语言的起源。利伯曼克汀细致地解剖了新生儿、尼安德特人和智人的口腔构造。研究发现，尼安德特人和新生儿的口腔构造比例比较接近，但智人则不同。他们由此推论处在进化过程中间阶段的种群已经消亡，因此语言的进化很少被人类所了解。因此可以看出，语言起源问题的破解前景并不乐观。

### （二）语言的本质

#### 1. 词典中的语言

《韦氏新世纪词典》(Webster’s New Dictionary) 列出了“语言”一词最常用的

定义具体如下：

（1）人类语言；通过这一手段进行交际的能力；一种语言和语义相结合的系统，用来表达和交流思想感情；系统的书写形式。

（2）任何一种表达或交流的手段，如手势、标牌或动物的声音；符号、数字及规则等组合成的一套特殊体系，用来传递信息，类似计算机信息传递。

2. 不同角度的语言

不同的学者对语言本质问题的回答有以下不同的角度：

（1）从语言与人类精神活动的关系角度提出语言是一种有声表达，这种表达是心理的和精神的运动，构成思想的工具是语言。

（2）从语言结构的角度提出，语言是一种形式或公式，它不依赖于实际表现，是一种纯关系的结构。

（3）从语言功能的角度提出，语言是一种对思想情感和愿望进行表达的符号体系，它是人类特有的非本能的行为。

（4）从语言的心理和认知基础的角度提出，语言是符号体系，它被用来表达思想。在乔姆斯基眼里，语言是人脑特有的能力。

因此，语言在语言学界并没有一个统一的定义。因此，人们简单直接地认为语言是交际方式的一种。

### （三）语言的功能

1. 心理学功能

人们在沟通客观世界时运用的手段是语言心理学功能，这是人们对外部世界的认知过程，是一种主观的功能。这个功能可以细化为以下4种：

（1）命名功能。用语言标识事物或者事件，就是它的命名功能，它会将个人体验赋予到物体中，这是人类的心理需求。大部分小孩都迫切需求掌握更多的新词，这也说明了语言作为事物符号的功能的重要性。只有将这类事物的鉴别符号进行掌握，才能对这类事物进行真正掌握。

世界万物在人类还没有创造语言时会给人类留下不同的印象，人们可以对其中的差异进行感受，并且在辨别它们时会通过不同的形象，但它们却无法被表达出来。也许人们只会在大脑中简单意会这些事物，但并没有标识这些事物。人们为事物进行命名进而区分事物是客观需要。事物在被命名时被赋予了意义，语言的诞生和不断完善很好地解决了这个问题，它提高了人类的记忆力，使得人类的智力得以发展。

（2）陈述功能。语言在说明事件和事物之间关系时发挥着自身的陈述功能。对事物的命名在人类社会不断发展的过程中已经不能满足人们的交际需求，社会中各种事物都存在各种各样的关系，人们往往会对这些关系有表达的需求。因此，人们开始运用主谓句的形式对事物之间的关系进行表达，一个个新的命题也在这一过程中形成。但是一个命题在通常情况下无法满足人们的需求，因此，人们就不断地创造新的命题，进而形成了新的篇章。

（3）表达功能。语言在被用来表达主观感受时，发挥着表达功能。它可以是词语，也可以是句子。人们在表达生活中的喜怒哀乐等情感时会运用到语言。人们在对高兴的事情进行表达时会说：Hurrah，We're won 等，人们在遇到可怕的事情时常常会说 oh，how horrible，人们在同意某个观点或表示赞成时可以说 ok，you can go。人们在对词句的结构和语篇框架等进行推敲时常常会运用语言的表达功能，以此来对内心的情感进行传达。

（4）认知功能。语言在被用来作为思考的手段和媒介时发挥着认知功能，这是一项重要功能。语言是人们思维活动的载体，思维通过语言进行。语言带来了复杂经历和抽象的思维，让人们能够进行更高层次的思维活动，发展人类的头脑，进而使人类能够对更丰富的物质文明和精神文明进行创造，灿烂的文化得以形成。人们在认知客观世界时也进行着思维活动，在思维活动中语言发挥着认知的功能。

2. 社会学功能

人们运用语言进行人际交流时，语言具备社会学功能。语言是外显性的交互性的，可以用来进行交际。其社会功能可以被分为以下五种：

（1）人际功能。语言在被用来维持和改善人际关系时，发挥着自身的人际功能。人们在不同的场合，对不同的人会运用不同的用语，这些语言包含正式用语、礼仪用语或者非正式用语等。这种语言方式可以得到别人的好感并且将自己的身份地位进行显现。这种对语言的运用方式是过度运用语言人际功能的方式。人们有时只是为了维持亲密的交往而谈话。比如，在鸡尾酒会上人们的谈话并没有实际的内涵，但可以调节气氛，维持彼此亲密的感受，在这种场合，人们一般会说一些客套话或者过场话。

（2）信息功能。人们运用语言传递信息发挥了语言的信息功能。人们说话往往是对某种信息进行传递，语言的信息功能在这里被发挥出来。但需要强调的是，这里传递的信息一定要匹配接受者已有信息结构，否则信息很有可能无法被正确地传递。课堂教学是最典型的例子，教师必须在学生已有的知识结构上进行知识的传递，即因材施教。

（3）祈使功能。人们在运用语言发布命令时发挥了语言的祈使功能。因为人们常常会在语言交际中对他人进行告诫、请求或提醒等，这时就会采用祈使句。这种语言方式会对他人的行为举止产生一定的影响。

（4）述行功能。人们用语言对某件事情或者行为进行宣布时，发挥着语言的叙述功能。运用这种语言的往往是具有权威的人士或者机构组织，他们往往会运用正式规范的语言进行宣布，其宣布的内容会与听众密切相关。例如，记者招待会上，科技部的发言人向记者宣称："Our spacecraft will travel to the moon in two years. And you will be lucky to get the chance to watch it's take off on the site."

（5）煽情功能。语言也具有煽情功能，人们在很多情况下会运用语言使听话者的心被打动，从而对他们的情绪产生影响。想要达到煽情的目的，就需要运用具有联想意义或具有丰富内涵的词语。比如政治家可以运用慷慨激昂的语言使国民更加同仇敌忾，广告会运用这种语言促进消费者的购买。总之，说话人可以运用恰当的词语使听众的情感被激发。

语言的五种社会学功能在具体应用时并不是互相分割的，它们往往相互联系，在应用时同时占有几种功能，但具有不同的比例。

### （四）语言的属性

人类的语言比动物的语言更加优越，以下几种属性造就了人类语言的优越性。

#### 1. 语言的二层性

语言具有两种层次的结构，底层结构的元素组成了上层结构的单位，每个层面都有自己的原则。语言本身并不具备一定的意义，但是将语言组合起来就形成了意义，比如词语。底层单位比如语音没有意义，上层单位比如词语有意义，这两个概念是相对的。上层单位不可以被分割成为更小的单位。只有人类的语言系统才存在二层性，动物的语言没有这种性质，因此，动物不能够自由地交际。语言的等级性也由语言的二层性特征产生。比如，人们在对一种陌生的语言进行倾听时，常常会感到这个语言并没有间断，但语言不可能不间断，语言需要用离散的单位表达离散的意义，因此，找到语言的单位是解释一种语言的有效方法。最底层的单位是音节，它包含很多没有意义的语音。人类的语言交际可以从语言的二层性中汲取大量的资源。词语可以组成句子，句子可以生成语篇等，因此语言的这一性质也决定了它具有生产性。

#### 2. 语言的任意性

语言的任意性是指语言符号的意义和它的形式之间没有联系。例如，人们无法解释为什么 a dog（一只狗）读作/a dɒg/，a tree（一棵树）读作/a triː/。任意性具有不同层次。下面从三个方面来具体了解语言的任意性。

（1）语素音义关系。在对自然的声音进行模拟时产生了拟声词。在汉语中用来形容打雷声音的词汇是轰隆。拟声词包含与生俱来的形式。在汉语和英语当中，同一种声音也有不同的拟声词与之对应。要想合理推理词语的形式，首先要对词语的含义进行了解。

（2）句法层次。句法就是重新构造句子的方法，构造句子是在语法结构的基础上进行的，英语句子中成分的排列需要对一定的规则进行遵循，词语的顺序和事件的顺序是对应的。这也说明词语比句子拥有更高的任意程度，尤其是在对真实顺序进行排列时，例如：1）He sat down and came in.（他坐下进来）；2）He came in and sat down.（他进来坐下）；3）He sat down after he came in.（他进来后坐下）。

读者在读第一句话时做出的理解常常与实际情况相反，他会认为主人公是先坐上轮椅，再进入房间的，第二句将动作的先后顺序排列出来，第三句，将两个小句的顺序进行了调换。功能语言学家认为语言的任意性只在对立的语言单位里产生。

说到任意性就要说语言的规约性。规约性与任意性是对立的，语言符号具有固定的意义和形式。语言不可以由于其不合逻辑而进行任何改动，语言由于具备了任意性才能拥有潜在的创造力，但学习语言又会因为语言的规定性而变得复杂。

3. 语言的创造性

语言的能产性就是创造性，它的形成源泉是二重性和递归性，只要改变一个词语的用法就可以使之表达不同的意义，人们也会接受这些创新的用法。但动物的交际不具备大量的信息，已经具备的信息也较为缺乏新意。因此，动物的信息和人类信息的优越性是无法比拟的。人们可以运用语言的潜能进行新的创造，让语言无限发展。

## 三、文化与语言的关系作用

### （一）文化对语言的主要作用

1. 文化为语言发展提供路径

语言的生成、发展基于文化。如果文化不存在，就不可能有语言。文化和语言二者充分展示出了民族考虑问题的过程、推理过程和心理过程。

社会在持续发展并改变，对比于之前的十年、五十年甚至几百年，现在的世界是崭新的。对应地说，语言也发生了较大改变。既在表达形式上体现了该变动，还在每一领域中生成的大量新型词汇上体现出来。这一切均表示，多样的文化一定会带来多样语言的产生。

2. 文化制约语言的引用

人们都知道，应用语言被语言环境所左右，语言环境为形成语言、懂得语言的前提，在语言环境中文化是最重要的部分。因此，应用语言会被文化所约束，此外，在应用语言方面，文化的束缚起决定作用。能够省去在生活中应用语言的诸多麻烦，像语言的矛盾、误解等。

（二）语言对文化的主要作用

1. 语言是文化的载体

对于文化，语言起着极大的作用。思维基于文化，反过来，只有思维承载着语言，因此语言既表达出文化的内容，还对文化有着巨大作用。只有以思维为基础，人们才能够形成自身的价值观、人生观、世界观等一连串文化成分。此外，语言也微微地作用于人们的思维品质，使得文化得以发展。语言正记载文化也正散布着文化。它让文化在同辈和非同辈间流传。

文化中存在多个载体，它们间互相依赖、互相渗透。语言是其中的一个最必要的载体，可以长时间地存留文化知识。语言正在记录、证明文化的变化过程，属于关于民族文化探究的必要方法。对于语言的探究，能够让人类知道思维角度如何被延续、意识形态如何被演化、思维方式如何被传承。因为语言形成与发展的存在，才使文化形成与继承得以存在。若缺少了包含语言的文化，或缺乏包含文化的语言，文化存在的概率均为零。而且，文化也在一直作用于语言，让语言以符合文化发展为目的持续变得更加准确。语言是文化的载体，文化包括丰裕的语言成分。不仅是语言，建筑、艺术、文学等均承载着文化。

2. 语言是文化的方向

在某些程度上，语言正在带领文化。由于语言能够带领人类弄清某一文化是如何看待外面世界的，所以不一样的文化因处于不一样的客观真实情况，将生成不一样的语言。人与人之间的语言与文化特征互相对应，不过语言能迅速地展现出指定社会和个体间的关联。对于不一样的历史阶段，语言品质展示了不一样的姿态；就算于一个同样的历史阶段中的不一样的团体间，语言品质也存在区别。很明显，初期的语言未像现代人类的语言那样存在丰富性和严谨性；生活在偏僻地域的土著人所讲的语言，远远不如大部分现代人类所讲的语言那样存在底蕴与内涵。于了解文化、理解对方的角度，语言的影响巨大且无可替代。为了知晓一种语言，务必要清楚藏在语言之后的文化。语言的不同带来了人类感受外面的世界的途径和成果的不同。因此，对语言的学习和对文化的知晓间的联系互相补充。

## 第二节　跨文化与翻译关系揭示

### 一、跨文化翻译的原则

翻译作为国家间文化交流的平台，成为不同国家间语言沟通的主要桥梁，文化的对比多通过语言的“正迁移”实施语言间的有序翻译。在文化间，基于基本差异的客观存在性、文化背景的杂陈性，以文化间对比，坚守着有序翻译原则。[1]

### （一）约定俗成

该原则是以文化差异下相沿成习的翻译效果实现有序翻译的结果，在翻译的现实过程中，以语言自身发展特性中的固有规律和常规用语翻译出的作品能为公众所熟知和接受。为避免不必要的、新增翻译造成的狗尾续貂效果，保留已有的人名、地名及其习惯表达，能使翻译效果事半功倍。例如，U. S. Department of State 应按习惯译为“美国国务院”而不是“美国国务部”。

再以“科学发展观”为例，常规翻译为“Scientific（Outlook on）development”，这一翻译方法直接导致西方读者误会深重，尤其是将其定义为“科技发展观”，这一现象的出现，是中西方对英文“science——自然科学”宽泛内涵的窄化，而忽略了其基础意义上的自然和社会科学的延伸意。在经久的话语实践译法中，这一翻译习惯逐步为西方读者所认可和理解。

### （二）和而不同

不同国家之间具有不同的文化背景，在此差异下，翻译应坚持“和而不同”的原则。“和而不同”包含以下两个方面的内涵。

1. 忠实大于创造

在翻译的内容中，往往融入了译者的再创造。但是，再创造活动必须建立在一定的条件之上，再创造的内容必须以原文的语义为基础来传达文化内涵。这一内涵的深度理解与其基本属性密不可分，并在日常实践应用中，确保了读者由一国语言过渡到本国语言。换言之，翻译语言是读者对源语文化的传播过程。尽管如此，对于译者而言，借助译文可以增加读者对源语言文化、思想、文体风格的有效了解。在本次研究所涉及的思想中，对源语言文化的相关内容及其语义内容了解后，以其基本内容为范本，可以对文体风格进行了解。为达到这一目的，需大力奉行目的语、源语言的文本、语义、文体、风格，该措施即为翻译“第一忠粉”。

“和而不同”作为不同文化间差异的主要翻译原则，在现实实践中，有赖尊重原作、尊重源文化语言要则的实现。即言之，翻译的过程应是忠于源语文本，不大肆篡改的翻译过程。尽管如此，现实场景中并没有绝对的翻译过程，而过度忠于它反而会使翻译陷入僵死局面，并不被翻译界所认可。详尽来讲，翻译的过程应是尊重源语言基本语义、忠于文化内容并精准表达，不在语言表达上刻意造

---

[1] 皮谨煜. 高校英汉翻译理论与技巧教学探究——评《翻译理论与技巧》[J]. 新闻与写作，2016（6）：116.

作、表达雷同等的过程。“貌似”和“形似”“意似”和“神似”方为至臻境界。

然则，在不同语言表达方式上，翻译实践中往往存在“文化空缺”“概念空缺”“表达差异”等情况，一味死忠反而会在译语形式、源语言、文化内容上背离文化翻译的初衷。针对这种情况，源语言的再创作和恰如其分的适当应用，显得难能可贵。以文学翻译的应用实践作为明证，在文化翻译领域的审美价值再创造和再提高极为适用。源语言文化翻译的过程，应是语言再创造的过程，也是在原文基础上，以自身创造本领，完美传递文化精髓的表现。不过，该创造过程往往容易陷入主观臆断、恶意篡改、歪曲事实、凭空设想的境地，而在文化内涵上反而大力摒弃。言而总之，忠于事实的文化差异，是创作的必要条件。

2. 内容大于形式

翻译以文化差异为背景，以“和而不同”为基本坚持原则，并在内容上，注重其与形式的联系。该内容主要以“内容第一，形式第二”为口号，在内涵上囊括源语言基本语义、文化形式、情感表达等内容。该形式以源语言二次表达为外在表现，以原作体裁选择，修辞手法、语言结构等相关联。详尽来说，翻译的过程应是对源语言内容进行处理、精准传递的首要重点，也是对文本形式的注重，文体风格保留的更好方法。一旦遇到作者内容无法通过维持现状的形式表现出来的状况，则势必需要在源语言形式上进行准确表达。而事实上，将附属于语言内容的服务类型作为追求形式的牺牲品时，反而达不到翻译服务的效果。由此，必要的句子结构调整、相关字词增删情况、语义转换及其句型改换等极有必要。

### （三）空位补偿

尤金·A·奈达（Eugene A. Nida）是美国著名翻译研究学者，他在《圣经》研究中，正式将“零位信息”引入文化翻译的基本概念之中，并就文化词汇翻译环节的“词汇空缺”和“文化缺省”现象进行分析。而这一过程的实现，则是在翻译环节跨越障碍、补偿空位、弥补翻译信息亏损的信息传导过程。例如：

沉鱼落雁（of a woman）extremely beautiful

兵马俑 terra cotta warriors and horses

灯会 lantern festival

蚕宝宝 silkworm

### （四）文化顺应

翻译过程的顺应性作为语言迁移的重大特点，是迎合语境需求，灵活变通语言项目，对使用者提供语言选择的项目参考的手段。交际成功与否，直接受制于语言和文化间的关系处理情况及其是否顺应文化翻译的基本语境。换言之，在语言交际中，实际的交际情况要视交际双方所处的基本文化语境而定。

在不同的文化场景之中，人们周遭所处的实际交际所受影响及其过程，需以文化表达调整、文化行为方式控制等方法，促成不同文化语境中交际的成功。与之对应的是，在实际的翻译环节中，坚持文化顺应性原则极为必要。笼统地说，翻译者在翻译实践中，需以读者需求为盼望点，以源语言文化、翻译者能力为综合考究因素，实现文化翻译环节的灵活有序应用。究其原因在于，翻译文本需满足不同文化背景下读者对译文的期待及其是否在交际实践中、在心理上满足目的地语言的基本诉求，也正因为如此，译文才能被目标语读者所普遍接受；源语言文化顺应目标语基本语言表达和各种信息，在语言文化传播中极为有利，这样表达才能更精准。

### （五）文化再现

文化再现是翻译实践中，基于文化差异视野的翻译策略探讨，也是以文化因素为差异化处理的恰当应用，该原则奉行文化交流实质问题的解决路径策略。换句话说，是译者在翻译实践中的文化再现，也是源语言文化信息语际转换的关键点。笼统地说，该原则需在内涵上囊括下列内容：

1. 文化特色的再现

在鲁迅的观点中，一度将翻译效果归为“洋气”，且保留原作优美丰姿，保有异国情调的特色。具体来说，是译者在翻译过程中，以文化特色为“忠粉”，源语言浓郁文化气息和色彩而定保留，是整体完整的文化再现过程。例如：

**例 1**：巧妇难为无米之炊。

**译文 1**：Even the cleverest housewife can’t make bread without Hour.

**译文 2**：Even the cleverest housewife can’t cook a meal without rice.

本次翻译结果中，原文翻译差异主要受中西方在传统主食上的不同而不同。以译文 1 为例，翻译需立足美国原生态家庭，对其传统主食为面包的基本文化因素进行囊括，并不涉及源语中“米”的字眼，如此方为英美人所认可和通晓。尽管如此，中国古典文学作品，尤其是小说中，在对本句进行翻译时，势必需要摒弃西方的“面包文化”，而在整个作品文化氛围中以“米”相协调，也由此方能达到尊重翻译原则、尊重民族特色的效果。以译文 2 为例，翻译结果为“cook a meal without rice”，在古典小说等文学作品翻译中，以当时社会文化背景为基本，能营设现代化源语言迁移的中国特色文化的传播。

2. 文化信息的再现

该内容的翻译环节是以源语言文化信息为基础，在字面意思的基础上，将文化作为承载利器，深刻理解作品，使译文再现经典信息的翻译过程。

**例 2**：Mr. VangasLlosa has asked the government “not to be” Trojan horse that allow the idealism into Peru.

**译文**：凡格斯格萨王请求政府不要充当把理想主义的思潮引进秘鲁的特洛伊木马。

以上翻译中，初对 Trojan horse（特洛伊木马）进行翻译时，将源语言文化因素作为理解重点，深刻认识并理解该文化因素的重要性，由此，为确保该内容在文化信息中的完整性，需在内外部的颠覆和破坏中，保留源语言文化的精粹，故可以直译。

3. 文化风格的再现

该内涵以翻译为实践过程，以保留文化翻译实践高层次需求。由此判断，文本在传递中，其风格直接决定作品的内在思想和外在灵魂。其思想内在的诞生对源语言文化的文本信息具有决定性作用。文学作品作为翻译界的思想领航者，以语言文字、作家情感、思想认知等为基本表现形式和载体，更好地再现了作家写作风格及其艺术灵魂。在不同作家间，源语文化风格特色决定了作家的未来。

## 二、跨文化翻译中的阐释学

目前，从阐释学的角度来看，翻译活动已取得一定成果。但通过学者们对翻译活动现状展开的反思，可以发现现阶段的翻译活动在跨文化方面仍存在一定的问题，对此，本文从跨文化翻译的部分因素入手进行分析，并澄清阐释学与跨文化翻译之间的关系，重新从阐释学角度审视跨文化翻译。[1] 想要客观地分析跨文化翻译，必须要正视以下三个问题：

第一，译者的阐释者身份决定了译者必须要直接面对作品的原始语言，但是译者与作者所处的语言环境和文化环境均不同，需要译者克服不同语言和文化之间的差异，从当下情景出发，努力做到历史与现实的融合、解释者与被解释者之间的汇合，也就是达到"视域融合"的状态。

第二，在一段时间内，译者深刻遵循"科学＋逻辑"的翻译结构，希望翻译与原作达成形式与意义上的完全对等，还会将翻译出好的内容寄托在等待译者灵感的突然降临上。然而在跨文化翻译中，这些都不再被提及，跨文化翻译主张以阐释学和理解的历史性为基础寻找新的翻译思路。

第三，直意与意译、归化与异化的选择，一直是跨文化翻译活动中争论的焦点。从阐释学的观点来看，文本的性质是开放的，对文本的理解具有历史性，因此，文本的意义和文本的理解都是无穷的，会随着时间的推移与文化的发展不断产生变化。那么，是否也可以认为，翻译的标准会根据文本和理解的变化而发生变化。

---

[1] 沈康．跨文化交际汉英翻译中的区别与融合［J］．海外英语（上），2017（6）：103－104．

### （一）对源语文本与译者关系的认识

显然，源语文本与译者之间具有密切的关系。在传统翻译学中，针对这一关系的探讨通常仅停留在语言文字上，鲜有深入分析。因此，从阐释学角度审视这一关系就显得尤为必要，关系着如何更好地深入分析翻译的解读阶段问题。

译者在跨文化翻译中，要明确自身阐释者的地位，面对陌生的、差异显著的他国语言与文化，要将自己置身其内，参与到其意义域中。

在面对陌生的语言文化前，译者必须对自身文化与所译语言文化之间的差异有所了解，并带着自己的浅见去接触源语文本与异域文化，将自身的视域与源语文本的视域相融合，求同存异地实现融合。但是需要注意的是，此“融合”不是绝对的，而是相对的，它是译者在现实环境以及自身能力范围内与源语文本所取得的动态对应，并不能完全避免因为文化差异而产生的误解及误译。

### （二）对解读过程的思考

翻译作为语言工具，具有跨文化性，而翻译工作者就承担着接受、理解、融合两种不同文化的重要工作。在跨文化翻译活动中，工作人员要先对源文本进行熟悉和理解，这是翻译的重要环节和步骤。上面提到的跨文化交流，文化和语言的表达缺乏互通的方式，翻译人员要在源文本的基础上实现文化的碰撞和吸收，所以翻译工作人员在翻译的实践活动中需要重点关注以下三个方面：

（1）跨文化的内在含义不是停留在语言上面的。在翻译活动中，掌握一种语言并非是对其完全理解，这无关任何的解释活动。由于人们已经生活在的这种语言环境中，所以能够理解这门语言。哲学的观念解析问题并没有针对语言掌握的方式予以解答，而是在语言环境下对发生的事物进行阐述，帮助人们明确问题的根本原因。这种方式对于语言的学习而言是基础。人们可以在跨文化交流中学习和聊天，对源文本进行探索和研究，又有翻译工作者与自己对话，在这样的交流方式下，翻译工作人员可以在原先积累的文化和源文化中进行比较和关联。

（2）与过去的诠释学相比，如今诠释学已经有了很大变化，开始肯定诠释者本身思想的重要性，主张将自我置于源语作者的思维中加以诠释。对跨文化工作者来说，翻译人员在源文本的理解上，可以进行一定的深入和展开。翻译人员在一定理解基础之上，将自己调整到作者思想中，或者充分融入源语作者的作品中，把自己已经掌握的内容在源语文本的环境下诠释出来。当然，这不代表翻译人员要对文本进行一定程度上的改变，而是以保留这一意义为前提，让其在新的语言中呈现出新的存在方式，并发挥出全新的作用。

（3）跨文化翻译工作，从阐释学的角度上看，实际上是由无数步骤组成的文化发展过程。这一过程的发展非常缓慢，且没有尽头。尽管源语文本的内容可以被确认，也可以让翻译人员进行复述，但是这样的复述在一定程度上不能称之为复述，它并非表达出原先完成时的内涵和寓意。跨文化阅读在思维上不是对过去的事物进行重复，而是对一种当前意义的参与，其融入的是跨文化译者的视阈。

## 三、跨文化差异与翻译的关系

翻译人员在翻译过程中，应理解需要使用的语言，掌握最基本的语言和文化技巧以及翻译方式，若要对语言有更深层次的理解，需要学习语言所对应的社会文化。翻译工作人员既要掌握语言相关的文化知识，又要对不同的文化做比较，掌握其区别，这样可以在翻译过程中起到很大帮助。

文化差异使得交流和沟通在一定默契积累之下可以进行编码及解码，然而东西方文化的差异不仅存在于表面，其人生观、价值观与世界观的审视角度具有根本性的不同，因此，需要在东西方之间建立跨文化共识，以达到促进沟通的目的。翻译活动是跨文化交流顺利进行的重要途径，翻译工作者是跨文化交际发展的重要推动力，而跨文化交际学研究催生了翻译活动。[1] 后文正是从跨文化交际的角度对文化翻译进行分析。

### （一）从跨文化交际阅读文化翻译的障碍

翻译是文化活动，而不是简单的语言文字转换，跨文化翻译正体现出这一重要特点。以英汉两种语言为例，两种不同的语言在表达方面往往显现出明显的文化差异，要求译者在翻译过程中，要重视文本语境，对文本中的文化因素进行深入分析后再加以翻译，一方面要尽量展示源语文本中的文化特色，另一方面要让读者易于理解和接受。从跨文化交际学的角度看，跨文化翻译活动通常会遇到以下四个方面的障碍。

1. 词汇障碍

不同地域上语言文字具有差异的主要原因是，生活在不同国家和地区、不同民族、具有不同信仰的人们，长期受到不同风俗习惯、文化观念、思维模式的影响，而对客观世界的认识也有所不同。在词汇层面，此种明显的差异体现在两个方面，其一是语义场的缺失，其二是相对应词汇间在内涵上的显著差异。

在英汉两种语言中，语义场的缺失表现在，虽然两种语言都能反映出客观世界，但是表达方式却截然不同。也就是说，英语中的一些词汇在汉语中无法找到相对应的表达，汉语中的一些词汇在英语中也找不到对应的表达。

以地理环境的差异对词语产生的影响为例，英国作为岛国，人们对“船”这一客观事物十分熟悉，因此英语中会有大量诸如 ship，boat，catboat，ketch 等

---

[1] 邱光华. 英汉翻译中的跨文化视角转换及翻译技巧 [J]. 英语教师，2018，18（11）：70－72.

关于船的表达，但是中国作为大部分地区处于内陆的国家，这些词汇并不能在汉语中找到非常合适的对应，这就是两国由于地理环境差异而造成的词汇构成差异。

除了词汇构成上的差异，不同语言在词汇内涵上也具有明显差异，这种差异主要是由于文化与价值观的不同造成。英语和汉语的词汇内涵差异，主要体现在两种语言表达同一概念时产生的不同联想义。比如，individualism 一词，在汉语中被翻译为“个人主义”。个人主义在中国人的思想中是纯粹的贬义词，表达的是只顾个人利益而不顾甚至损害集体利益的价值取向。但是在英语文化中，其不仅不是贬义，还被认为是优秀的思想品质，因为在英语中其所表达的是自我价值的充分实现。

2. 语法障碍

英汉两个民族在不同文化的长期影响下，形成了不同的思维方式，因此两个民族具有不同的审视与表达方式。比如，英汉两种语言都比较常用否定结构，但两者之间的差异却十分明显。英语的否定表达比较复杂，有的句子看上去是否定句式，但分析其内容却发现表达的是肯定意思，因此在翻译英语时，不可简单地进行文字转换，而是要反复分析其形式，揣摩其内容，在把握住正确含义的基础上再将其以汉语的习惯方式表达出来。

3. 语用障碍

语用意义往往文化性较强，文化的差异使得日常交际活动变得不同，风俗习惯的不同还影响了文化交流和翻译。比如，在英汉两种语言中，问候语、称呼语等的使用存在很大区别。因此，译者如果想要达到正确翻译的目的，就必须了解两国语言在语用层面的差异。

4. 文化语境障碍

语言的产生使得人们可以更加方便地交流，然而语言需要在特定环境下才可以实现交流的效果。语境不但是语言的环境，也是文化的环境，在脱离语境的情况下进行对话，彼此之间很难互相理解，同样，脱离语境的翻译，也很难顺利展开。因此，可以说语境对于语言起着制约作用，而文化语境对于跨文化翻译也起着很大的制约作用。

所以，在自身的语言文化中，人们能够根据特定文化语境轻而易举地分析出语言的内在意义，但是其他的语言文化中，则会由于对文化语境的不了解而无法理解话语的内在意义。

### （二）从跨文化交际分析文化翻译的实践

伴随着文化交流的加强和深化，翻译变成了一项可以跨越文化的工作和活动，翻译人员要理解两者语言的基础语法、词汇、发音，和一定的听、说、读、译的能力，但仅仅掌握这些，还不足以保证灵活地使用语言，翻译人员还要对语言的文化和背景有一定尝试，这样才可以实现跨文化的翻译能力。

各个民族对于社会现象的理解和掌握有很大不同，这样的文化差异对于文化交流的发展有一定影响。在跨越文化的学习和探究中可以发现，参与交流的两方既要掌握本族语言，还要掌握对方的民族文化内涵，这样才能理解对方。若要理解对方的文化和语言，需要先将自己想要表达的内容予以输出，同时还要避免对对方的理解造成大量的偏差和错误。

当跨越文化交流时，不同文化导致了交流变得不畅通，为了实现畅通交流的目的，就需要翻译者弱化自身的风俗习惯。简而言之，译者尽量避免使用民族色彩强烈的词汇，如果对方或读者没有弄清自己的意义，译者有必要进行改写或者增加注释。麦克拉姆（McCrum）举出一个著名的例子："Yes Madam，quite big family！—eight children，six sons，two daughters. Big family！Ha！Ha！No good. Madam."❶ 以上是东南亚某国人写的句子，这个句子是利用汉语的结构完成的，没有关注到英语词语需要谓语的特殊要求。在跨文化交际中，这种句子很难被理解，为跨文化交际的展开设置了障碍。译者作为两种语言与文化间的转换与传达者，应努力提升业务能力，在两者之间架起畅通的桥梁。

跨越文化的交流和研究，需要一定的翻译规则，文化翻译需要保持动态与一定的可操作性，才能够更好地完成文化交流。跨文化交际的学科可以帮助学员站在文化的角度和高度去看待文化之间的差异，帮助学员实现语言在特定语境下的表达和交流。以下是跨文化学科的理论价值：

（1）利于词语组成、文本汇总和语言的宏观、微观语境。

（2）利于准确把握信息接收者的整体及个性特点。

（3）利于文化内涵在符号展示及文字翻译中的体现。

（4）利于判断翻译标准与技巧的合理性、翻译质量是否优质，以及翻译效果是否具有实效性。

## 四、跨文化差异对翻译的影响

### （一）物质文化差异的影响

英和汉两个民族的生活有着较大差异，他们创立的文化都是在一定物质载体之上的。常被提起的衣、食、住、行，都是物质的重要组成部分。物质文化对于不同的民族而言，是思想理念和物质条件在人类生活过程中的直观体现。只有在物质基础上展开比较，才可以掌握不同民族之间的交流和文化内涵，这在翻译活动中非常关键。

---

❶ 周志培．汉英对比与翻译中的转换［M］．上海：华东理工大学出版社，2003.

### （二）生态文化差异的影响

由于各民族在地理位置和环境上的差异，英汉民族在文化生态表现上也有诸多差异。按照我国的地理环境而言，大陆性环境使我国地大物博，体现出了许多地域文化内涵。例如，黔驴技穷这个成语。英国是一个岛国，以航海的发展最为人熟知，在其语言中有大量体现，例如和水相关的词语，all at sea 译为不知所措。在进行不同文化内涵的比较时可以发现，在翻译工作中使用相应的文本资源非常便利，帮助翻译工作者在源语和翻译语中间形成良好的思维变换。

### （三）观念文化差异的影响

受到群居生活的影响，中国各民族开始有了一种集体的思维观念。其一，集体的思维观念强调长幼有序，不管对家庭来说，还是对整个国家来说，都要重视长辈；其二，集体的思想观念强调集体的利益为大，如果个人利益和集体利益有了冲突，要先实现集体的利益；其三，集体思维强调人们要注重人际交往，在生活中要相互包容理解。在面对朋友或家人时，要保持真诚和积极的态度，只有做到以上这些，才能够实现真诚的交流。

然而西方推崇的思想是个人主义。西方强调人人平等、民主与自由。在个人主义的思维方式下，人们强调其个人权利不可被侵犯，所以在交流过程中关注自身的权利，例如个人的年龄等。

因为西方和东方思想的较大差异，使得翻译的结果产生不同。

**例 3**：You have no blow your own horn.

**译文**：应吹自己的号角。

**例 4**：Where there is a will，there is a way.

**译文**：有志者，事竟成。

在对上述两个句子进行翻译时，如果按照西方人的观念文化来翻译的话，就需要将个人化的特征体现出来。

### （四）思维方式差异的影响

在东西方不同语境下，文化的差异导致人类思考问题的方式有着巨大差异。

中国人一般使用形象的方式来表现事物的外在特征，而西方人则往往使用抽象化的方式对事物进行阐述。这表现在词语的运用中，汉语常使用有具象化的词汇，英语中大多是概括性的描述。

**例 5**：Is this emigration of intelligence to become an issue as absorbing as the immigration of strong muscle?

**译文**：知识分子移居国外是不是会和体力劳动者迁居国外同样构成问题呢？

这个例子中，intelligence 被翻译成理解力，muscle 被翻译为肌肉，若直接翻译两个词语，就会逻辑不通，所以需要对其进行抽象化的方式处理，这样才符合汉语的语言习惯，易于理解。

### （五）社会礼仪差异的影响

中国人在和他人见面时，会经常提及工作、收入、年龄等问题，但西方人对这些问题比较敏感。中国人在碰见熟人时会问“要去哪里?”“吃了吗?”之类的问题，这在中国属于打招呼的一种基本方式，然而在西方人观念中，这些问题被认为是隐私，容易被误解为是要请对方吃饭。西方人在打招呼时一般会说“How do you do!”。

在表扬或者称赞他人时，中国人一般会使用“哪里哪里”等表示自谦的词汇，然而西方人就会直接接受他人的称赞，回答“Thank you!”，中国人使用“谢谢”的次数相比之下少很多，特别是在关系亲密的朋友间，一般不常使用。即使说了，也会被家人或者朋友认为是见外的。

### （六）意识形态差异的影响

意识形态是抽象的存在，不是具体有形的物质，但是可以在达到特点目标时通过语言形式进行表达。其可以包含所有与翻译相关的政治语篇，换句话说，意识形态既可以是文化的，也可以是政治的，在意识形态的视域下，它们都有支持或抵制等特定理想。

不遵循社会文化规则的事物，在此种社会文化中必然不能存在；不符合政治制度的事物，也不可能在此种政治制度下存在。因此，在一些国家中，不道德的文字内容必定不能在这一国家之内翻译及传播。

# 第三节　跨文化翻译中的归化与异化

翻译是语言沟通的重要形式，是人类了解他国文化的重要途径。为了更好实现翻译效果，做好翻译的异化和归化极为重要，这是翻译质量提升的重要措施。尤其对于跨文化翻译工作的开展而言，做好异化和归化更为重要。

## 一、跨文化翻译中的归化

### （一）归化翻译的主要功效

语言是文化领域中最重要的一部分，而对于翻译来讲，其不是一种语言形式转换为另一种语言形式的单纯过程，而是在解释原文含义和作者意图的基础上，保留源语文化，起到深层次的文化沟通交流作用。各国家和区域因地域环境、历史文化、风俗习惯以及意识思维方式不同而造就文化差异，即使是相同地域环境的人也会因为不同的教育背景和不同的社会工作环境产生思维模式的差异，这些问题都导致译者翻译工作的复杂性和矛盾性，产生不同程度的文化缺省等情况。在语内交际情境中，其可能会提高交际效率，但对于跨文化角度层面来讲，读者缺乏相关文化背景知识，易造成交流的意义真空问题。就像“as white as snow”类似的语句来讲，天气寒冷、常年下雪的地方便能够深切感悟其中的内在含义，但是对于非洲国家来讲，他们没有接触过雪，不能清楚了解、感同身受。因此，针对解决跨国文化的等效交流，美国著名翻译家奈达研究分析了作者意图，以读者作为翻译工作的着手点，站在文化与社会的角度，提出归化翻译理念，即最贴近自然等。译者要实现源语表达意思到位，译文读者能准确把握原文意思，并且实现跨文化交流。

归化翻译基本已成为翻译工作的主导，此种翻译形式主要实现原文表达的含义和思想，为读者提供顺畅的阅读体验，再通过一些该国语言的修饰，生动还原原文思想。

### （二）归化翻译需注意的问题

归化翻译有优势也有弊端，它可以将原文转化为通俗易懂的译文，注重站在译文读者的角度翻译原文，替读者扫除语言方面的障碍，直观了解作者所表达的意图。然而，它对该国的文化习俗等因素缺乏体现，读者不能对该国的文化背景、文化价值有深刻理解。就拿“dragon”来说，如果译者只是重视读者对其意思所表达的情况，将其转化为“tiger”，那么译文读者就不会产生对“龙”的直观感受及其背后所展示的意义。对于归化翻译而言，它能够让读者在译文中感受理解原文意思，注重体现翻译价值的实在性和实用性，体现不了源语的语言价值和文化特点，成为跨国文化交流和文化借鉴的障碍。归化翻译应让读者了解异国风情和先进文化，不能进行单纯的译文归化，要注重维持原文的原有姿态，这些也是中国著名文学家鲁迅的观点。

## 二、跨文化翻译中的异化

### （一）异化翻译的主要功效

异化翻译注重保留原创的语言文化特点，体现异国文化价值特色。译者可以在异化翻译过程中摆脱目的语的语言文字和文本形式的束缚，丰富译文的表达形式，为译文中注入浓厚的异域文化色彩，增进各国、各区域之间的文化交流与文化联系，增加对不同文化的相互了解，以便促进区域之间先进文化借鉴。读者通过阅读异化翻译的译文，深刻感受理解国外的语言表达方式和不同语句所表达含义，扩大读者的文化知识面，在各种语言文字的描述下发挥读者的想象力，增进各国之间的文化交流沟通。

在实践中，语言作为文化传播的主要载体，难以不受外部因素影响，语言具有开放的属性，其本身就存在强大的容纳和汲取能力。随着国与国、民族与民族之间经济文化交流的逐渐深化，各类语言形式都得到了不同程度的丰富，异化翻译在此发挥了重要作用。例如：汉语翻译成“因特网”（internet）、“基因”（gene）、“蓝图”（blue print）、“时间就是金钱”（time is money）、“酸葡萄”（sour grapes）、“象牙塔”（ivory tower）、“鳄鱼的眼泪”（crocodile tears）、“黑色幽默”（black humor）、“一石二鸟”（killing two birds with one stone），英语中的“qi gong”（气功）、“taijiquan”（太极拳）、“kong fu”（功夫）、“tou fu”（豆腐）等，这样根据英文原意翻译过来的词汇在原来的汉语语言系统和英语语言系统中都不存在，这些都是异化翻译应用的结果。

### （二）异化翻译需注意的问题

译者采取异化翻译策略也存在一定弊端和风险。各国地域位置不同，文化背景不同，观念思维方式也不同，可能相同的事物在不同的描述环境中的含义并不相同，所以读者在阅读时，需要一定时间和知识了解和接受文中所描述的文字和场景，甚至可能存在因难以理解而存在交流障碍等问题。如松、鹤、梅、竹这些自然事物在不同国家就具有显著的直观体验和内心感受，中国文化传统中可以体现一定的风骨或对人处事的积极态度，而对于外国文化而言，就具有明显的信息表达差异。译者在翻译一些存在文化差异的译作时，对文章根据读者群体的需要进行注解，这也产生一些阅读困难，并且长此以往，读者失去阅读译作的兴趣。

## 三、归化与异化翻译的平衡点

翻译的归化和异化是翻译工作的两种策略，两者之间各有千秋，各有其优点和不足。在译者进行文章翻译时，可以将两者互补兼用，取长补短，而并不是持对立态度，肯定一方，否决另一方。一本好译作的形成，应注重考虑文化传播效度这一中心问题，把握译文读者这一根本出发点来评判一篇译文，也是译者在翻译理论研究以及实践应用层面的重要理念。译文使用的翻译策略可根据文章文化背景和读者需求选择，译文翻译的成效可以交由读者进行大致评估。

随着经济全球化趋势的不断加强，各国之间的联系日益密切，人们交往逐步向广度和深度扩展，文化交流规模越来越大，联系也日益频繁，也就有了进行跨文化翻译的必要性，促进全球各国之间文化交流。但是，由于各国地域和文化背景方面的差异，译者需要采用归化翻译策略缩小各国之间的文化差异，为读者扫除语言方面障碍，便于对原文表达的思想有直接感受。当然，每个人接受外来文化的接受程度不同，花费的时间也有长有短，就需要译者寻找归化翻译和异化翻译之间的平衡点，根据文章描述特点、源语文化背景以及译文读者的不同需要选择合适的翻译策略，正确处理翻译中的文化问题。

归化翻译和异化翻译的不同选择主要是针对源语和目的语、文化背景和读者需求等因素加以考虑。人们应在具体文章中评估现实所采取的翻译策略，若不能准确把握原文表达的重点和作者传达的思想，则失去了翻译实践的实用性和应用性作用；若只是对文章一些有文化差异、形象描述的语句做单纯的形象翻译，读者就不能深刻感受原文，失去翻译理论研究的学术权威。翻译理论研究和实践应用应把握文化传播效度这一中心问题，立足于文章实际情况、源语文化背景和读者需要选择合理的翻译策略，也可以在一篇译文中同时运用两种策略，从而得到好译文。目前，我国翻译事业也应注重理论与实践并重，并且建立完善的翻译理论应用体系，提高总体翻译水平。

# 第六章　新媒体视野下翻译发展新方向探索

新媒体技术的广泛应用和蓬勃发展为翻译实践、翻译研究和翻译理论等翻译工作带来了翻天覆地的变化。本章就新媒体环境下的视听翻译、语料库翻译、本地化、全球化与协作翻译做了详细研究和分析。

## 第一节　视 听 翻 译

### 一、视听翻译的源起

近些年来，对视听翻译的研究无论在深度还是广度上都取得了突飞猛进的发展，其中最具代表性的就是字幕翻译。但是，视听翻译最开始在翻译研究领域并不受重视，很多翻译理论中对这一相关概念的描述凤毛麟角。凯瑟琳娜·赖斯首次将“视听类”作为单独的文本类型提出来，但是只是概念性的归类，缺乏进一步的详细说明和陈述，而且这一翻译理论的侧重点是广告类翻译而非影视作品类翻译。霍姆斯在其翻译结构图中提到的“媒介限制理论”和视听翻译同属一个范畴。斯奈尔·霍恩在其翻译理论中明确指出了电影和文学翻译的密切关系。

提特福德和美亚拉尔等人在早期撰写的论文里，创造了术语“限制性翻译”，强调视听翻译独特的非语言要素。尽管已有这些论文发表，参考文献也很多，但是视听翻译从客观上看研究仍是贫乏。当时德克·德拉巴斯替塔发表了一篇论文，题为《翻译和大众传播：显示文化动态的影视翻译》，具有开创意义。该论文试图找出这类翻译的重要特征，即“电影创建了多渠道、多代码型交际”。这些代码描述为：① 语言层面（特点：有各种文体、各种方言）；② 文学和戏剧层面（情节、对话等要得体，与体裁一致）；③ 空间关系、动作层面（和广泛的非语言行为相关）；④ 电影层面（摄像技巧、电影类型等）。

德拉巴斯替塔没有将语言和非语言看作是两个独立存在、差异明显的个体，事实上两者相辅相成，共同促成电影思想和情感的表达。一般而言，语言层面的信息交互多是通过调动观众的视觉感官来完成，比如电影的前后字幕、影片中的地标建筑、店铺名称等；而非语言层面的信息交互通常都通过声音来实现，比如影片中所有的音乐、背景声音等。其依据古典修辞学的操作手法总结出了很多建设性的翻译方法。

德拉巴斯替塔善于将影视翻译与其他视听艺术的翻译方式进行对比，并在这一过程中发现并总结出影视翻译的特性。其和戏剧翻译相比最大的不同就是：戏剧表演具有不可复制性，是演员现场演绎的，因为人的主观因素的参与，每次表演都不可能完全一样；但是影视作品则不然，具有可重复性和可复制性特征，影视作品一旦拍摄、剪辑、制作成片、投入市场，没有特殊情况不会轻易变动，且能够多次重复观看。二者另一个不同之处在于：影视作品视听同步的特点在一定程度上制约了翻译工作的开展。举个例子，在翻译《奥赛罗》这部戏剧作品时，有些翻译工作者会将原文中代表不忠的定情信物手帕用十字架来代替；但是此种做法在影视作品中不被允许，因为翻译后的内容要和图像显示的内容高度统一。

德拉巴斯替塔理论对影视翻译中的字幕和配音翻译也做了初步的探讨和分析。这一理论的提出受其工作环境和工作模式的影响较大，工作环境是在双语字幕使用较为普遍的比利时地区，工作模式是在较为规范、完整的语言、环境、社会等描述性框架下工作。德拉巴斯替塔将影视翻译看作是翻译研究领域广度上的拓展和延伸，提出要具体问题具体分析，有针对性地进行独立研究和探讨。其对理论与实践孰轻孰重这一问题的探讨与翻译研究萌芽期的讨论不谋而合：翻译和改编如何具体区分。

## 二、视听翻译的名与实

德拉巴斯替塔关于视听翻译的理论为后期这一领域研究的发展和进步奠定了坚实基础，提供了丰富的理论依据。后期有不少学者针对如何更加科学、精准地命名视听翻译领域，及其与翻译研究之间的关系进行深入探讨。以路易肯为代表的一些学者将这一领域命名为“视听语言转换”。另外，戈特利布将影视作品中的语际字幕看作是对角转换翻译，即同时完成源语言与目的语、书面语与口语之间的转换，与传统的口译、语际翻译等水平转换翻译模式截然不同。同时还将这种翻译模式与雅各布森提出的翻译分类法结合起来，认为影视字幕属于语内翻译，因为影视作品视听同步的特征决定了其翻译工作既要遵循语言的规范标准，又要保持与原文意思的高度一致性，翻译时可以适当地添加元素，但不允许删除。

《译者》专门针对“视听翻译”理论制作过一期专题特刊，特刊中伊夫·甘比尔详细描述和分析了新媒体视野下发展迅速、前景良好的翻译领域术语，即视听翻译、屏幕翻译、多媒体翻译。三个领域的字幕翻译受科技发展水平和不同传播载体的影响，侧重点也存在一定差异。辛塔斯和雷玛尔在甘比尔的理论基础上进行概括总结，指出视听翻译这一术语越来越受到业界肯定和认同，已被作为翻译标准广泛应用于翻译实践中。

甘比尔的论文发表很及时，该论文鉴别了不同类型的翻译活动以及它们如何引发学者对传统翻译类别的重新思考。在众多分类中，有以下七种视听翻译：

（1）语际字幕，现在电影和视频有各种形式的语际字幕（字幕是“开放的”，意味着字幕是该版本电影的一个组成部分），而且 DVD 中也有语际字幕（字幕可能是“封闭的”，意味着观众可以选择是否要看字幕，也可以自由选择字幕的语言）。

（2）双语字幕，在比利时等国家，同时有两种语言的字幕。

（3）语内字幕，为听力障碍者提供的字幕，越来越标准化。

（4）配音，包含“对口型配音”，由目标语声音代替源语声音。

（5）画外音，主要用于纪录片或访谈。

（6）唱词字幕，投影在歌剧、戏剧舞台上或座位后面的字幕。

（7）音频描述，主要是为视障人士讲解戏剧或电影内容的语内音频。

视听翻译领域内容和方向十分广泛且丰富，尤其在教学和科研方面取得长远的发展和可喜的成绩，研究方向也基本集中在语际字幕、翻译方法、翻译技巧等方面。语际字幕相比传统书面翻译来说有很多的不同和限制，特别表现在时间和空间两个方面，要求一屏的文字内容必须控制在 2 行以内，一行的字符数量根据语言种类不同也有严格限制，如英文字幕不超过 38 个，汉字或日语最好控制在 13～15 个等，同时，一屏字幕的时间最好控制在 6s 左右。所以，语际字幕不但要严格控制（尽量减少）每屏的字符数量，还要保持原图像和声音的完整性，字幕与作品中的对话内容要相得益彰，充分尊重原作品艺术等。

## 三、视听翻译的规范

目前，大部分视听翻译领域的研究方向都侧重在语言运用和技术方式上，缺少与更广阔分析模型的整合。但是，如果任由此种局面发展下去将会很大程度上制约该领域的研究和实践进步，不利于研究理论的丰富和拓展。下面将从理论框架样本出发来深入的探讨和研究视听翻译。卡拉米特罗格鲁、泰勒、肖姆等都曾经引用这一理论框架来论证或补充自己的理论观点。

卡拉米特罗格鲁引用多元系统论和翻译规范理论深入探讨和分析希腊语影视翻译中配音和字幕的翻译特色。指出翻译是系统而复杂的工程，在两种语言转换的过程中，要充分考虑每一个影响翻译效果的主客观因素，比如：每个环节的工作人员、观众群体、影片流派及类型风格、翻译方法和模式、影片形成机构、市场投放机构等。

通常情况下，一部作品翻译完成需要翻译、监测、编码、改编、配音、音响、视频、校对、分销等工种人员的直接参与和配合。卡拉米特罗格鲁开展了一次针对以上不同工种工作人员的问卷调查，遗憾的是此种看似非常有效、覆盖面广的人种学研究方法，结果却不尽如人意。其第一个观点是，可以在翻译学范畴内、引用翻译理论来进一步研究视听翻译，这一观点对20世纪末视听翻译刚刚兴起阶段，推动其尽快进入公众视野、引起广泛关注和重视非常有用。从侧面说明其强调视听翻译研究要遵循翻译规范理论、建立正式的理论框架的重要原因，就是为了支持自己的第二观点，以免有人质疑观众对翻译具有催化作用这一论点。质疑者认为：普通观众不是低能儿，都具有一定的阅读能力，而且经常接触有配音和字幕的作品。

## 四、视听翻译的录写

泰勒研究的重点是多模态电影文本的录写。其引用多模态录写模型将影视片段按照帧、镜头、相位三个单元予以分解，得出表6-1❶的描述形式，以此来研究和分析影视广告。

**表6-1　多模态录写模型**

| 帧 | | 镜　头 | | 相　位 | |
|---|---|---|---|---|---|
| 帧持续的时间和演示的顺序 | 视频帧的演示 | 视觉图像构成成分 | 人物的触觉活动 | 对话和音轨的描述 | 对影片创造语义的元功能解释 |
| 独立计数的帧，以秒计持续时间。帧根据分析的要求而选定 | 源语的静止图像 | 摄影机位置、视角、焦点、距离、个性化特色、服装、色彩等 | 手势、动作等 | 说出来的话语、声调、音乐等 | 概念、人际、篇章和视觉语法等方面 |

表中相位单元中提到的元功能解释源自韩礼德的“元功能”思想和克瑞斯、勒文创建的视觉语法理论，将视觉文本的各种符号模式进行有机整合。泰勒利用上表多模态录写形式分析了电影《美丽人生》中的一些片段，研究表明，研究结果能帮助翻译者解决字幕翻译工作中的两个问题：一是在哪里插入字幕最为合适，二是哪里要进行语言省略。一般这种录写模式有助于字幕研究，但对篇幅较长的文本不适用。元功能解释中以语音节奏、律动及肢体接触为主要表达形式的“人际”功能要素具有至关重要的作用，充分肯定了非语言材料对翻译工作的积极意义，也引发了众多学者对在多元化发展时代，如果版权许可是否要将研究分析以视觉形式或视觉与书面记录相结合的形式进行展现作为行业规范来推广这一问题的思考和探讨。辛塔斯和雷玛尔利用DVD选段对这一观点进行了补充探讨。

## 五、视听翻译的代码和叙事

肖姆主张将翻译研究和电影研究有机整合起来建立新的研究理论模型，以此来深入分析影视作品中10种语言指示代码各自的使用规范。

---

❶ Munday J. 翻译学导论：理论与应用[M]. 3版. 李德凤，译. 北京：外语教学与研究出版社，2014.

（1）语言代码：除了视听翻译，法律、科学等翻译类型也会遇到不同语言独有的文字游戏、多种语言类型交叉使用、独特的文化背景等问题。大部分视听文本的语言代码多以脚本、口语的形式出现，为翻译工作带来了新的挑战，译者要寻找和原文语言使用场合和领域相同的翻译语来进行转换。

（2）副语言代码：即影视作品中某些表情、语调、音调等内容约定俗成的符号代码；比如，配音脚本中往往会使用特有的符号来代表笑、哭、停顿等内容，在字幕脚本中也会用字母大写、感叹号、省略号等符号来代表声音的起伏、说话的腔调和停顿等内容。

（3）音效代码：影视作品中音乐歌词的翻译改编及该音乐在整体作品中发挥功效的完美再现。

（4）声音布置代码：视觉画面中是否出现了声音来源者，会直接影响声音布置代码，进而影响整体的翻译过程和音质。比如，可能需要利用不同的代码来区分画中音和画外音，如果是画中音，配音时还要保证译文与原文中人物口型尽量吻合，避免出现原文没说话，译文说话的现象。

（5）肖像代码：因为文化、社会背景的区别，原影片中的肖像人物可能不被译文环境下的观众所熟知，但是这个肖像又对深入理解语言含义和影片思想有着至关重要的作用，那就需要通过语言注释来同步说明。同样的做法也适用于与画面中物品相关的文字游戏。语言与画面需要高度统一、密切相关，这一特性在一定程度上制约了翻译工作的自由发挥。

（6）摄影代码：主要指颜色变化。比如字幕的颜色要随着影片画面的明暗程度不断调整，对一些在特定文化背景下具有象征意义的色彩要加以注释说明，以免造成观众误解或不解。

（7）策划代码：主要是音译发音要和画面中人物的口型相吻合，还要翻译画面中具有重要意义的信息内容，如地点名称、海报信息等。

（8）动作代码：对某些需要翻译和说明画面中人物动作含义的情况，其译文语言要和动作意思保持一致，如点头代表肯定。

（9）图形代码：主要是指源语文本形式的标题、字幕等，属配音工作的特殊情况。

（10）句法代码：判断单词序列的构成是否合乎语法，检查语言元素是否与图像符号相关等。

以上 10 个语言指示代码中，前 4 个与声音通道有关，后 6 个与视觉通道有关。这引起了大众对非语言代码尤其是视觉通道代码的关心和重视。这些代码中只有一个代码真正和语言直接相关，这也是肖姆理论与其他翻译理论最大的区别。目前，针对这些代码问题，视听翻译领域已达成共识，未来还需进一步整合其他理论模型，研究探索更多新的代码。

## 第二节　语料库翻译

语料库的建设可追溯至20世纪60年代初，当时建成的BROWN美国英语语料库是世界上最早出现的计算机语料库。在我国，最早建成的语料库是创建于20世纪80年代初的上海交通大学科技英语语料库（JDEST）。这两个语料库都是为语言学研究目的而建成，它们为之后语料库的建设打下了坚实的基础，同时也起到了积极的引领作用。随着计算机技术的发展与进步，各类语料库不断涌现，或为语言学研究，或为翻译学研究，或为翻译实践，总之提供了更多可行的语料库方法。

语料库可应用于语言学或翻译学研究，也可应用于翻译实践，其定义因使用目的的不同而有所区别。在研究领域内，语料库的概念因不同学者的认知差别而呈现出区别：第一，在语言学知识的基础上，将大量语言以文本的形式输入，形成语言文字，随着语言文本的不断增加，最终会形成语言电子文本库，即为语料库；第二，按照明确的语言学标准选择并排序的语言运用材料汇集，旨在用作语言的样本。这两个定义的关键区别在于，前者强调语言文本的连续性，而后者则说明需要“按照明确的语言学标准”。随着时代的不断发展，学者们对语料库的概念有了新的阐释，由于现代科学技术的发展，尤其是计算机技术水平的不断提高，语料库的定义也发生了一定变化，现在的语料库是指将大量的语料信息储存在计算机中，通过合理的规整进行分类，以便于为研究提供语言材料的信息库。

从各种语料库的定义看，多与研究相关。在计算机辅助翻译或机器翻译实践中，语料库的运用已成为一种趋势，其已在企业的翻译生产实践或产品营销中产生出明显的生产效益。翻译实践所指的语料库一般是指以源语和译入语呈句对齐方式保存的电子句对库。这样的句对库有的是从连续文本经对齐后制作而成，有的却只有对齐的句对，无法对应原有的连续文本。翻译实践所使用的句对库在一定程度上有别于研究目的所使用的语料库，但它也是语料库的一种变体，同样呈现出自身所特有的语言规律性。

本书按照语料库的研究目的和翻译实践目的，将其定义为：所谓语料库是指按照明确的目的与设计要求，并根据语言学或翻译学原则，运用科学合理的技术方法，将一定规模的语言文本汇总而成的电子文本库。

### 一、代表性语料库及其特性

为便于分类说明，本书将所涉及的语料库分为两类：一是语言学或翻译学研究类语料库；二是翻译实践应用类语料库。在实践中，这两类语料库有时可相互转换，例如双语平行语料库，既可用于研究也可用于计算机辅助翻译实践。入选代表性语料库的标准为：就单语语料库而言考虑其是否具有首创性，而双语（多语）语料库则更多考虑其在不同领域的独特性和特殊性。当然，受语言和资料的限制，尚未收入其他国家的代表性语料库。可以肯定的是，英汉或汉英类语料库在我国的发展是属于世界上最领先的。

### （一）语言学或翻译学研究类的语料库及特性

（1）布朗（BROWN）美国英语语料库❶：世界上最早出现的计算机语料库，于20世纪60年代初建成，其总库容为100万英语词，从现今意义上的语料库来说这是一个小型语料库，但其语料库意义是后来者所无法超越的❷。该语料库收集了这一时期具有代表性的美国英语语料，语料选自各种不同的出版物，考虑到不同文体的平衡性，按照随机原则选取语料。语料库共有500篇语料，每篇语料的形符数为2000英语词。

（2）上海交通大学科技英语语料库（JDEST）：我国最早建成的语料库，于20世纪80年代初创建，其总库容近400万英语词。语料库创建原则类似于BROWN语料库，每篇语料定为不少于2000英语词的连续文本，以反映真实语言的语篇特征。其构成文类为期刊、教科书、专著、论文、科普读物、文摘、手册、书评、新闻报道等。其专业领域涵盖：文科的教育学、语言学、历史学、社会学、管理学等；理科的物理、化学、天文学等；工科的计算机科学、机械制造、船舶工业、电子工程、自动化等；生物医学的生物学、基础医学、临床医学等。

（3）翻译英语语料库（TEC-Translational English Corpus）：世界上第一个翻译语料库，由英国曼彻斯特大学翻译与跨文化研究中心于1995年创建而成。其库容为2000多万英语词，收集了由当代英美翻译家译自世界其他国家语言的翻译英文文本，包括四个字库：小说、传记、新闻报道、航班杂志。创建该语料库的目的在于研究翻译文本的语言模式在哪些方面会有别于同一语言的原创文本，以及不同译者之间的风格差异性。该语料库虽说涉及翻译学研究，但属于单语语料库。

（4）英国国家语料库（BNC-British National Corpus）：国际上最具代表性的当代英国英语语料库，系由牛津出版社、朗文出版公司、牛津大学计算机服务中心、兰卡斯特大学英语计算机中心和大英图书馆等联合开发并于1994年创建而

---

❶ 张敏，李学宁．西方主要英语语料库结构代表性分析［J］．赤峰学院学报（哲学社会科学版），2011，32（6）：85－87.

❷ 张蓓蕾．美国新闻语域的语体流变——基于布朗家族语料库的多维度历时分析［D］．江苏：中国矿业大学，2016.

成。其总库容超过 1 亿英语词，包含书面语（9000 多万词）和口语（1000 多万词）两个子库。语料取样非常广泛，包括书籍、杂志、剧本、报纸、广告、信函、电视节目、备忘录、日常对话、广播、电话谈话等，共有 4124 个文本。语料库主要应用于语言学研究、词典编撰等。

（5）美国当代英语语料库（COCA-Corpus of Contemporary American English）：当今世界上最大的英语平衡语料库，由美国杨百翰大学于 2008 年创建而成。语料体裁为口语文本、小说、通俗期刊、报纸、学术期刊，这 5 个方面的语料成均衡分布。语料库词性标注所使用的是英语语料广泛采用的 CLAWS 软件。语料库使用界面主要是为语言学家和语言学习者了解单词、短语以及句子结构的频率及进行相关信息比较而设计。

（6）COBUILD 语料库（Collins Birmingham University International Language Database）：由英国伯明翰大学与 HarperCollins 出版社合作，在 1980 年创建而成。其总库容为 45 亿英语词，语料体裁主要为书面语，包括网页、报纸、杂志和图书等，口语部分材料则选自电台、电视台等。其代表性子库 Bank of English 约为 6.5 亿词，其中的语料均经过精挑细选，在平衡性和精确性两方面代表了今天所使用的英语。语料库已成为词典编撰工作的基础，第一本基于语料库的 COBUILD 英语词典已于 1987 年正式出版。

（7）德语参照语料库（DeReKo-Deutsches Referenzkorpus）：世界上最大的当代德语电子文本数据库，由德国曼海姆的德语研究所（IDS）自 1964 年起开始创建，至今已建成 280 亿德语词的库容。有 180 多家出版机构和个人参与了语料库的建设。语料体裁为文学文本、学术文本、通俗文本、报纸文本和其他各种文本，语料覆盖时间自 1950 年至今。相较于德语数字词典语料库（DWDS）而言，该语料库的语料既非按照不同文本类型的规定占比进行取样，也非按照所覆盖时间实现均匀分布。

（8）德语数字词典语料库（DWDS-Das Digitale Wörterbuchdeutschen Sprache）：该语料库受德国德意志研究联合会的资助，于 2000—2003 年间完成。语料库按照时间和文本类型进行分类，属于平衡语料库，其核心语料均为 20 世纪德语文本。目前，语料库共有形符 25 亿德语词，其中的 18 亿词可供在线检索使用。语料体裁主要为文学著作、学术文本、应用文本和报纸等。所有语料均包含文本类型、作者、标题、出版社和出版日期等信息。

（9）现代汉语语料库：一个大规模的平衡语料库，由中国国家语言文字工作委员会于 1998 年底创建而成。其总库容约为 1 亿字符，其中 1997 年以前的语料约 7000 万字符，1997 年之后的语料约为 3000 万字符。其中已有 5000 万汉字经过标注，可按词检索。在语料库可靠性、标注准确性等方面具有权威性；语料库选材有足够的时间跨度，抽样合理、分布均匀、比例适当，科学地反映了现代汉语的全貌。

（10）通用汉英对应语料库：目前国际上库容最大的英汉双语平行语料库，由北京外国语大学中国外语教育研究中心创建于2004年。其总库容为3000万字词，含四个子库：翻译文本库、百科语料库、专科语料库、对译句对库。创建语料库的主要目的是应用于语言研究、翻译研究、教学研究、双语词典编撰等。全库既有汉语原创文本及其英语译本，也有英语原创文本及其汉译译本，均为书面语文本。

（11）莎士比亚戏剧英汉平行语料库：由上海交通大学外国语学院于2010年创建而成。其总库容为300多万字词，包括牛津版莎剧原著（23部剧本）和梁实秋、朱生豪、方平翻译的三个中文译本以及汉语原创戏剧，语料库实现了莎剧的1对3检索。语料库创建的目的在于深化对莎剧的研究，即基于莎剧汉译本的翻译共性实证研究、莎剧汉译语言特征和动因研究、莎剧汉译本中人际意义的再现与构建研究、莎剧汉译策略与方法研究。

（12）英汉医学平行语料库：由上海交通大学外国语学院的管新潮主持于2011年创建而成。其总库容为1000万字词，语料体裁主要为论文、图书和报告等，涵盖临床医学的微生物学、生物化学、解剖学、病理学、药理学、临床诊断学、内科学、外科学、妇产科学、儿科学、眼科学、耳鼻咽喉科学、口腔医学、皮肤病学、神经病学、精神病学、感染病学等。该语料库既可用于语言学或翻译学研究，也可用于计算机辅助翻译实践。语料库实现语篇、句子、语块三个层面的对齐。经语料库数据挖掘得出的专业通用词对医学翻译实践起到了极大的帮助作用。

（13）中国法律法规汉英平行语料库：由绍兴文理学院于2010年创建而成。其总库容为2200万字词，语料体裁为法律法规、契约、合同、章程等，语料库实现汉英句级对齐，可以为法律语言对比研究以及法律翻译实践与教学提供实证资源。

（14）汉学文史著作英汉平行语料库：由山东师范大学外国语学院于2017年底建成。其总库容为500万字词，语料体裁为文史研究著作，即由国外学者使用英语写成并已翻译成汉语。制作该语料库的目的，一是用于翻译研究，二是用于汉译英翻译实践，即服务于中国文化“走出去”战略。语料库文件格式为TMX和XML。

### （二）翻译实践应用类语料库及特性

（1）欧洲议会平行语料库（European Parliament Proceedings Parallel Corpus 1996—2011）：所有语料均取自欧洲议会的会议记录，包含21种欧洲语言。创建该语料库的目的是得到句级对齐文本，以供统计机器翻译系统使用。目前已实现

20 种语言与英语之间的语料句级对齐。

（2）华为汉英平行语料库：有关企业的语料库很少见诸文字的，尤其是那些涉及企业核心竞争力并为企业带来巨大经济效益的语料库。在产品翻译领域作为标杆的华为，其语料多为汉译外类型。面对翻译实践应用类语料库，德国的西门子公司在产品全球化的过程中也有类似经验。

## 二、语料库的类型划分

语料库多为单语或平行语料库。在语料库实践中，其分类远比这复杂。根据不同的使用目的或标准，可将语料库分为单语语料库、双语或多语语料库、平行语料库、可比语料库、通用语料库、专用语料库等。语料库的分类关键在于其是否为单语还是多语（双语），平行还是可比，通用还是专用、单向还是双向，或者是这几类的组合。

### （一）单语与双语（多语）型

单语与双语或多语语料库之间的区别在于语料库本身所包含的语言数量。凡语料仅为单一语言的语料库属于单语语料库，语料为两种语言的则称为双语语料库，三种以上的为多语语料库。

一般而言，单语语料库非常注重语料选取的平衡性，即时间和文本类型的均衡性[1]。上述的 BNC、COCA、COBUILD、DeReKo、DWDS 和现代汉语语料库均为单语语料库，但其中的 DeReKo 却未注重平衡性，所关注的是语料库库容的绝对规模。单语语料库既可应用于语言对比研究，如原创文本和翻译文本之间的语言特征研究；也可在无法求得双语平行语料库时，用于计算机辅助翻译实践，即通过词频分布统计来确定特殊领域内待译文本与译人语之间的语言关系。

双语语料库是指语料为两种语言的语料库，如英德、英汉、德汉语料库等。双语语料库又可分为平行语料库和可比语料库。此类语料库既可用于语言学或翻译学研究，也可用于翻译实践。双语语料库中的某一种语言的语料均可作为单语语料库使用。平行语料库（除欧洲议会平行语料库外）均为双语语料库。多语语料库是指由三种或三种以上语言的语料所构成的语料库，如欧洲议会平行语料库，其构成语言多达 21 种。

### （二）平行与可比型

平行语料库是指源语与译人语之间实现平行对齐的语料库，语料对齐可以在

---

[1] 仇思妮，任芷逸．基于双语平行语料库的商务英语翻译教学模式［J］．文化创新比较研究，2018，2（30）：86－88.

语篇、段落、句子、语块或词组层面上实现，视创建语料库的具体目的和需要而定。例如，应用于计算机辅助翻译的语料库一般实现句级对齐即可。平行语料库可实现多语种语料的对齐，例如欧洲议会平行语料库；也可以是一种源语与多个译本之间实现平行对齐，比如莎士比亚戏剧英汉平行语料库❶。

可比语料库又称类比语料库，是指语料库内两种语言之间不存在翻译关系的语料库。可比语料库既可以是单语语料库，也可以是双语语料库。例如，假定将BNC和COCA语料库组合成一个单语语料库，就可以研究英国英语和美国英语之间的区别❷。又如，将德国的有限责任公司法与中国的公司法进行词频和搭配对比研究，可在将有限责任公司法翻译成中文的过程中起到较大的辅助作用，尤其是在术语确定方面。

所以，可将平行语料库直接应用于计算机辅助翻译实践，而可比语料库则可通过语料的对比分析，以求得其中的语言规律性，然后应用于翻译实践。

### （三）通用与专用型

通用语料库是指包含有多种不同文本类型（不同语体和语域），并在语料库的代表性和平衡性方面得到保证的语料库。此类型语料库可以是单语语料库和双语语料库。单语语料库多为通用语料库，单语的通用语料库可以在库容上实现较大的突破，如280亿德语词的DeReKo语料库。从目前来看，应用于研究目的的最大的双语通用语料库是王克非正在主持创建的多达1亿词的中国英汉平行语料库。

专用语料库是指语料仅涉及某一专门语域（如海洋工程、临床医学等）或语体（如文学、学术等）的语料库，此类型语料库多为双语平行语料库，可应用于计算机辅助翻译实践或术语管理。专用语料库也涉及语料的平衡性问题，如英汉医学平行语料库在创建时就已考虑到临床医学所属的17个不同学科之间的语料平衡性。应用于企业翻译实践的句对级专用语料库，有时在库容规模上会达到数千万个句对级别。

### （四）单向与双向（多向）型

单向或双向（多向）语料库均为平行语料库，所谓的“向”是指翻译方向，是英译汉还是汉译英。单向语料库均指从一种语言译入另一种语言，如英汉医学平行语料库的英译汉方向；双向语料库是指两种语言之间存在互译关系，如通用汉英对应语料库的英译汉和汉译英两个方向；多向语料库是指3种或3种以上语

---

❶ 赵颖迪，苏蕊．平行语料库在英译中的辅助作用［J］．文学教育（下），2019（10）：54-56.

❷ 原伟．可比语料库构建与可比度计算研究综述［J］．电脑知识与技术，2019，15（23）：224-227.

言之间存在互译关系。在翻译实践中，可以将英语为母语、汉语为译语的语料库应用于汉译英实践，旨在提高英语译文的地道程度，如徐冰的语料库。这一方式在操作法律翻译实践时更有益处。

语料库的类型涉及单语与双语（多语）、平行与可比、通用与专用、单向与双向（多向）等问题，一般而言，语料库的命名趋向于简化形式，如“英汉医学平行语料库”，其特点是双语、平行、专用、单向、平衡性等，但命名时选择语种数和平行性两个方面加以考虑，并以语言的前后放置来区分语料的翻译方向问题。虽然“通用汉英对应语料库”的特点是双语、平行、通用、双向、平衡性、不同子库之间的可比性，但其命名旨在突出项目所需的可比性，故选择“对应”一词。

单语语料库一般均在名称中直接标明所选语料的语言类型，而双语语料库则需要明确其是否为双语平行还是双语可比类型。

## 三、语料库语言学与翻译学

随着语料库的出现以及计算机技术的发展，自然而然就形成了语料库语言学和语料库翻译学这两门学科。从时间纵轴来看，前者出现的时间先于后者，而且前者在运用技术的便利性方面要优于后者。这就是语料库语言学的优势之所在，但这两门学科均对翻译实践具有指导意义，尤其是后者在双语语料库规律性的研究方面对翻译实践具有更强的指导作用。

### （一）语料库语言学

语料库语言学自 20 世纪中叶在欧美兴起，至今已有半个多世纪，其随着计算机科学的发展而得到快速普及并逐步走向成熟。这一门学科以大量语言数据为研究基础，需要收集大量真实的语言数据，并需要对这些语言材料进行真实性的分析评估，通过对语言材料的分析和研究，发现总结语言运用中的客观规律，同时研究者在研究过程中可以采用概率法进行分析。

语料库语言学的主要研究对象：语篇特征、语法特征、词语搭配、语域特征、词典编撰、语言习得等。语料库语言学研究主要以单语语料库为基础，其使用已有较为成熟的语料库工具，如 Word Smith、Xaira 等。这是语料库语言学在语料库研究工具方面优于语料库翻译学之处。当然，现代技术的发展已经为语料库语言学的研究提供了许多更为便利的工具。其实，单语语料库也可应用于翻译实践，其前提是没有双语语料库可供使用。但在译入非母语时，单语语料库可以起到使译文表述更为地道的作用。

### （二）语料库翻译学

语料库翻译学（Corpus-based Translation Studies）一词最早出现在 1996 年。

这是语料库翻译学作为一门学科的开篇之作。

语料库翻译学的定义在不同学者之间会有所区别。语料库翻译学是语料库与翻译学结合形成的学术理论，在语料库翻译学中，对其的分析研究需要语言学、翻译学等理论作为基础，并以语言学理论与翻译学理论为指导，采用概率法，即以所使用语言出现的概率为依据进行语法分析。同时，语料库翻译学主要以真实的双语料或者是翻译材料为研究对象，对语言翻译的过程、现象、规律等进行系统分析研究，运用数据统计的方法对翻译现象进行描写和解释。

语料库翻译学的主要研究对象如下。

（1）翻译共性：也称翻译普遍性或普遍特征，是翻译文本而不是源语文本体现的典型语言特征，并且这些特征不是特定语言系统相互作用的结果。翻译共性有显化、隐化、简化、范化等特征。

（2）译者风格：译者在语言应用方面所表现出来的个性特征以及包括译本选择、翻译策略应用、译注等在内的非语言特征。

（3）翻译规范：关于翻译作品和翻译过程正确性的规范，具体体现了某一社会或历史时期关于翻译的价值观和行为原则，制约着译者的具体翻译活动。

（4）翻译实践：研究特定领域语料库所呈现出的翻译规律性，并将其用于指导翻译实践活动，以及如何将语料库应用于翻译实践。

（5）翻译教学：旨在以语料库方式教会学生如何习得翻译技能，即一是为特定的翻译目的创建语料库，二是从语料库中挖掘出有翻译价值的信息，三是将这些信息有效地应用于翻译实践。

迄今为止，语料库翻译学的理论与教学研究均已取得较为丰硕的成果。但在翻译实践方面，其研究与应用均面临着学界与业界往来甚少的局面。现如今，跨界合作不断壮大，正在朝着一个互利双赢的方向发展。就语料库与翻译实践的关系而言，有些问题有待学界和业界的积极探索：① 如何将学界的语料库与业界的翻译实践结合起来；② 如何从专用语料库中挖掘出与翻译实践相关的有效数据；③ 如何把从不同的专用语料库中所挖掘出的规律性知识汇总成适用于所有语料库的指导性知识；④ 如何利用现有的工具来创建语料库；⑤ 如何降低语料库建设与应用过程中人为因素的过多影响，或者为此开发合适的工具；⑥ 如何实现语料库的质量保证；⑦ 如何在翻译实践中对不同语料进行有效组合，使之更适应于翻译生产活动的需要；⑧ 如何利用语料库来提高译者的翻译实践能力；⑨ 如何在翻译过程中更为充分有效地利用语料库；⑩ 如何在翻译成非母语文字时利用语料库。

## 四、基于语料库的英汉翻译教学

目前，应用于翻译研究领域的语料库主要有单语语料库、双语语料库、多语语料库、可比语料库、平行语料库、专门语料库和小型自建语料库（DIYcorpus）等。

单语语料库一般分为两大类：一类是收录不同主题或文本类型的目的语原创文本的语料库或收录某一特定主题或文本类型的目的语原创文本的语料库。前者称为通用语料库，库容较大。后者称为专门语料库，库容相对较小；另一类是既收录目的语原创文本，又收录译自其他语言的目的语翻译文本的语料库。单语语料库可以提供关于具体词汇或短语结构在目的语或目的语特定语境中的使用情况。翻译具体词汇时，可以利用大型通用语料库（如 COBUILD），通过提取词语索引，检索具体词汇或短语在不同语境中的意义和用法，并根据具体语境选择自然的、贴近目标语习惯的表达方式翻译该词汇或短语。这一过程对于译者而言实际上就是学习目的语、提高翻译能力的过程。

此外，如果单语语料库同时包含目的语原创文本和翻译文本，译者还可以将原创文本和翻译文本进行对比，在真实语境下了解翻译文本的特征，加深对翻译本质的认知。而专门单语语料库可在专门用途语言和术语方面给译者提供有效的参照和指导，成为学生翻译术语的重要辅助工具。

### （一）双语平行语料库的翻译教学

语料库有不同的类型，而双语料库就是其中之一，其与翻译教学有着密切的关系，其大量的语言资料都可以作为翻译教学的教学材料。

首先，双语料库能够让学生体验动态语境。不同的语言单词、短语和片段等在不同的语境中有不同的意思，学生需要根据语言的用法和性质进行抉择，而通过双语料库，学生可以在其中检索单词或者短语，通过双语的翻译展示其运用的语言语境，也能够更加深入地理解某个词、短语或者句子结构的搭配方式，为学生双语学习提供更多的便利条件。

其次，双语平行语料库能够让学生更加清晰地观察双语翻译之间的差异。学生在进行语言之间的翻译时，很多时候会混淆源语与目的语之间的差异，研究翻译中的对应和不对应现象。当源语中某些结构在目的语中不存在对应或等值的结构时，平行语料库所呈现的翻译实例能够以直观的方式展现译者所采取的翻译策略和方法。通过对比源语文本和目的语文本，可以分析两种语言的词语或结构之间形成对应或等值关系的具体语境，为译者提供适合语言翻译语境的翻译方式。双语平行语料库能够让学生学会更加灵活地运用翻译策略和方法，让学生根据语料库的翻译方式学会具有创造性而又无不当之处的翻译方法。如果这类语料库库容足够大，文本类型足够丰富，通过观察频繁出现的译者语言选择，可以发现一些基本翻译形式。

再次，双语平行语料库有利于激发学生的翻译创造性。通过平行语料库，学生在翻译学习的过程中，也在学习平行语料库所提供的翻译策略和方式，但平行语料库不仅仅是教会学生翻译的技巧，也能够让学生从中发掘创意，激发学生的创造灵感，形成自己独有的翻译观。

最后，双语平行语料库也有利于让教师进行自我检测。双语平行语料库不仅仅对学生有很大的益处，对教师为有着重要的意义。教师作为语言翻译知识的主要教导者，其自身的翻译知识和技巧必须不断完善，为了确保教师的教学内容与方式的正确性，教师必须不定期检测自身的翻译能力，可以将自己的翻译与平行语料库中的翻译例子进行比较验证，检测自身的翻译与语料库是否一致。除此之外，平行语料库需要不断优化，要根据译者的历史翻译内容建立翻译记忆系统，等以后再次检索翻译时就能够减少不必要的劳动。

### （二）双语可比语料库的翻译教学

可直接应用于翻译教学的语料库是双语可比语料库。双语可比语料库收录不同语言的文本，这些文本之间不具备对应的关系，但在内容、语域、交际环境和交际功能等方面相似或相同，如分别用英语和汉语写成的法律文献等。事实上，在语料库应用于语言研究之前，收集不同语言中类型、内容、功能等方面相似的文本来进行翻译研究和教学已经是普遍做法。那时，学者们就已经发现，观察文本类型相同但语言不同的多个文本，能归纳出“原型性的特征”，进而提供一种文本类型在目的语中的概况。可比语料库在翻译教学中的用途主要有以下 3 方面：

（1）帮助学习者进行翻译。凭借可比语料库，学习者能够评估相似语篇单位在各自语言中的行为，进而从一系列目的语文本中选取最合适的源语词汇对应词，使之与目的语文化中的语言和语体规范相一致。

（2）由专门文本构成的可比语料库可以提供有用的术语和文本内容方面的信息。可比语料库可以用来验证翻译假设，并且能够针对翻译某一专门文本遇到的问题提供解决办法。可比语料库还可以作为探究不同语言中相似领域的一种工具，帮助译者了解相关的表达方式和术语。

（3）可比语料库还可以用以发现不同语言间的相似之处。可比语料库提供了一种进行“意外新发现”（serendipityprocess）的资源，帮助学生验证语言间的关系。教师可以指导学生利用可比语料库寻找语言间的相似之处，进行语言对比，包括词汇、短语和结构等。

除了上述较为常见的语料库之外，翻译教学还可以应用其他类型的语料库。语料库并不是特定的，教师可以根据具体的情况建立不同类型的语料库。对于学生而言，在学习语言翻译的过程中，会遇到各种各样的翻译问题，在学习语言翻译策略和方法的同时，很多学生也从翻译学习中发现新的翻译策略和方式，如此一来，翻译作品就有了不同于其他翻译的特点，教师可以根据学生的创造性翻译建立特色语料库，让学生体会到翻译的乐趣。除此之外，教师也可以根据学生的不同学习情况建立基础语料库，其中的语料结构较为简单，能够帮助翻译能力较弱的学生提高翻译水平。

## 五、基于语料库的英汉翻译教材的编写及教学模式实施

教师在教学过程中需要按照特定的教学模式实施教学行为，不同的教学模式有着不同的作用，有效的教学模式以一定的教学理论为基础，能正确反映教学客观规律，其目的是为了高效地完成教学任务。教学模式具有稳定性、简约性、整体性、操作性和规范性等特点，一般不会随意变动。此外，形成教学模式的因素有很多，主要涉及教学内容的设计、学科主题定位、课堂互动以及教学评估等。可以说，某一课程教学效果的好坏，教育成果的丰硕与否，在很大程度上都取决于教学模式是否优化，是否贴切，是否能取得学生的充分合作，能否实现与学生之间的互动。对翻译教学而言，建立一个优秀的教学模式是必不可少的，因为它直接影响着翻译课程设置、课堂设计和翻译教学效果等。

自 20 世纪末以来，语料库逐渐应用于翻译教学之中，并开始出现语料库技术与翻译教学逐渐相互融合的趋势。近年来最引人关注的翻译教学方法是现代信息技术与翻译教学的结合，近代以来，计算机技术的兴起发展也促进了翻译学的发展，为语料库与翻译学提供了先进的技术支持。传统的语料库是图书等纸质版信息数据，而随着计算机技术的不断发展，人们借助计算机技术建立了电子语料库，其中的语料信息数量庞大，而且在输入语料时也对其进行专门的分类整理，译者可以快速检索。此外，许多翻译教学软件也随之兴起，计算机技术也逐渐应用于翻译教学中，教师在课堂上利用多媒体网络授课，为师生的翻译教学与学习提供便利。

语料库不仅仅是学生学习翻译策略和方式的工具，他们也可以借助语料库观察和分析翻译内容的结构，并从中发现翻译规律。此外，教师在翻译教学中也可以借助语料库形成基于语料库的教学模式。

### （一）翻译教学模式的发展

目前，国内大部分学校所采取的教学模式都是传统的教师主导，以文本为主的模式。在这一模式中，翻译教学的授课主体是教师，教师根据教学大纲和教学目标设计教学任务，确定教学内容以及方式，大部分教师都会有自己专属的教学方式，而学生作为教师授课的对象，他们在学习翻译的过程中基本上都是在跟随教师的教学程序进行学习，教师布置翻译任务并对其进行评价，学生根据教师的意见进行修改，在这一过程中，学生基本上一直处于被动地位，学生在被动接受

翻译知识，缺乏翻译学习的积极性和主动性，部分学生甚至失去学习翻译的兴趣。因此，传统的教学模式并不是有效的教学模式，要借助更加科学的教学模式才能真正提高讲课效率，提高学生的翻译能力。

随着教学理论的不断发展，很多专家学者也对教学模式进行了深入研究，以认知心理学为基础的建构主义学习理论为新的教学模式提供了理论基础，新的教学模式以学生为中心，倡导激发学生学习主动性。以学生为主导的人本主义教学模式改变了学生被动接受知识的情况，在教学过程中更加强调师生之间的互动，关注学生学习的自主性。这种教学模式的应用要在教学实践中取得较大的成效，不仅要强调课堂上学生的积极参与和师生互动以及教学形式的多样化，而且还要求教师在传授翻译理论知识的同时更加注重学生的自主性。

### （二）基于语料库翻译教材的编写

课程教材是教师设计并实施教学活动的重要依据，是学生参与课堂实践、获得课程经验的中介和方法。同时，它也是考核课程教学水平和效果的重要指标和参照标准。可见，教材质量的好坏在很大程度上决定了教学质量的高低和学生能力培养的好坏。

自 20 世纪 90 年代以来，翻译课程在高校一直受到学生的欢迎。现在，该课程不仅是外语专业的主干课程，而且也成为非外语专业的选修课程，其受益面已由原先的外语专业学生扩大至所有学生。为满足不断增加的翻译教学需求，高校翻译教材的编写异军突起，翻译教材的数量和种类超过以往任何历史时期。

目前，国内出版的翻译教材大多是以双语对比和语言转换技巧介绍为主要内容。教材内容之所以这样安排，是由于考虑到翻译是不同语言之间的转换，了解和掌握源语和目的语语言之间的差异和双语之间转换技巧有助于提高学生翻译技能。应当说，按照这一思路编写的翻译教材具有一定的针对性和实用性，在提高学生翻译技能方面起到了一定的促进作用。但是，我国翻译教材编写总体而言有 3 大问题：一是现有翻译教材大多沿用传统的编写方法，较大依赖编者的直觉和教学经验，教材的内容编排和具体内容的编写缺乏客观、科学的依据，其结果导致教材所传授的内容与翻译工作的实际现状之间存在较大的出入；二是重规定，轻描写。即只讲应该怎样译，却未说明不同译者采用了哪些翻译技巧，不同文体的翻译技巧有何差异，也未解释为什么要那样译，以至于翻译技巧成了在低手段的译者是知而不能，在天才的译者反而成了桎梏；三是理论与实际脱离。众多翻译教材的编者缺乏翻译实践经验，对于实际翻译的困难和艰辛没有切身体会。使用理论分析翻译规律时，往往生搬硬套，而且所用的翻译实例并非取自于真实翻译语料，或为了说明理论凭空虚构，或利用其他教材的实例并做适当改编。一些翻译教材所用的翻译实例质量不高，甚至出现以误译来证明理论的情形。并且，现行翻译教材的内容编排与翻译市场的实际需求结合不够紧密，过分强调文学翻译，对于非文学翻译关注不够。然而，翻译市场对于非文学翻译人才的需求远远超过对于文学翻译人才的需求。

从翻译教材编写形式看，我国翻译教材主要有4类：一是外译中和中译外合为一体，但以外译中为主，如《英汉翻译理论与技巧》；二是外译中和中译外合编，不分主次，如《实用翻译教程》《英汉互译实用教程》《英汉与汉英翻译教程》等；三是外译中和中译外明确分开，分别编写，属于同一套翻译教材，如《英汉翻译教程》和《汉英翻译教程》，这两本教材是我国改革开放后由教育部组织实施的全国统编教材。该类型的教材一般依据教学大纲编写；四是外译中或中译外的单向教材，如《英汉翻译教程》《英汉翻译基础教程》。

从教材编写内容来看，翻译教材也可分为4大类：一是以词句和段落翻译技巧为主，如《大学英语翻译教程》；二是以语篇翻译为主，如《英汉语篇翻译》《文体与翻译》和《高级汉英翻译》等；三是介绍翻译理论、汉英语言文化对比知识和翻译技巧，如《汉英对比翻译导论》；四是针对某一体裁/语域或多种体裁/语域的翻译，如文学翻译、科技翻译、商务翻译、广告翻译等，如《非文学翻译理论与实践》等。

近年来，学界逐渐认识到在翻译教材编写中运用语料库可以克服目前翻译教材编写所存在的许多缺陷，提高教材编写质量。具体说来，语料库的应用可以使翻译教材内容的安排及其难易度的判断、教材语料的选择和翻译练习设计等建立在大量语料的分析和统计的基础上，能够有效避免编者直觉和主观经验对教材编写的干扰。

1. 把握语料库与教材内容的难易程度

过去，人们大多依据教材编写者的主观经验来判定教材内容的难易程度，进而确定这些内容的编排顺序，以求由易入难，循序渐进。不过，看似简单的教材内容对学生来说并不一定就容易掌握。所以，教材内容难易度的判定仅凭编者的直觉和经验是靠不住的，应依据一定的客观标准，而语料库的应用可以确定教材编写内容的难易度。利用语料库及其相关软件，可以对具体语篇或作品的类符/形符比、词汇的平均长度、词频、词汇密度、平均句长和具体句式结构的使用频率进行统计分析。根据这些数据，可以判断不同文体作品的难易度或可读性，并以此为依据安排语篇翻译内容的顺序。就词汇翻译而言，在各种语境出现的高频词的翻译难度要大于低频词，因为低频词出现的语境相对固定，其目的语对应词容易确定。因而，可以依据语料库提供的词频和共现语境，确定哪些词汇的翻译应作为教学难点和重点。

另外，可以建设学习者翻译作品语料库，作为评定教材内容难易度的重要平台。该语料库收录不同层次学习者的翻译作品，如外语专业本科生、硕士生和博士生，非外语专业本科生、硕士生和博士生以及职业译者等，并对这些作品中的错误进行标注。利用该语料库，可以在数据统计的基础上，分析学习者翻译错误的种类、特征和频率，并以此为依据确定翻译教材内容的难易度。

2. 选择语料库与翻译的实例

要编写出具有很强的实用性和针对性的高质量翻译教材，翻译实例的选择非常关键，不仅要力求真实、新颖，针对性强，而且要求翻译实例的题材广泛、体裁多样、来源可靠。平行语料库一般收录不同文体的双语语料，语料形符总数少则几十万，多则几千万，可以为翻译教材编写提供丰富的翻译例句、段落和语篇。教材编者可以利用语料库语境共现这一强大优势，有针对性地提取所需翻译实例，从而减少教材编写的工作量。

比如，分析“人才”一词的英译时，可以运用汉英平行语料库。利用自建的汉英会议口译平行语料库，提取了“人才”的英译实例。部分实例如下所示：

**例 1：** 创新的关键在人才，人才的成长靠教育。

**译文：** The key to creation and innovation lies in human resources, whose development depends on education.

**例 2：** 中国香港是世界上最自由的经济，广泛的国际联系，有着较为完备的法制和经济管理人才的优势。

**译文：** It has the freest economy in the world, extensive links with the rest of the world, a full-fledged legal system and a rich pool of managerial expertise.

**例 3：** 引进这些人才的重点，是那些开放程度越来越大、竞争越来越激烈的部门。

**译文：** The departments that would introduce talented people from outside are those that are exposed to increasingly fierce competition and that are opening wider to the outside world.

**例 4：** 当今世界的竞争是人才的竞争。

**译文：** In today's world, competition among states is mainly a competition among talented professionals.

**例 5：** 中国民航法制建设和科技教育人才工作也取得重要进展。

**译文：** Important progress was also made in the building of legal system, and in science, technology, education and personnel training.

**例 6：** 深入实施科教兴业和人才强业战略。

**译文：** Implement in depth the strategy of rejuvenation with science and technology and qualified personnel.

**例 7：** 小康大业，人才为本。人才培养，教育为本。

**译文：** The building of a well-off society in all-round way depends on the availability of talents. yet the key to the cultivation of talents lies in education.

**例 8**：你对来自海外的人才有何要求和期望?

**译文**：And what expectations do you have on these professionals recruited from outside mainland?

**例 9**：第三，针对事故多发的深层次原因，如经济增长方式落后、行业管理弱化、人才流失、素质下降等问题，我们要通过调查研究，提出建议并积极呼吁，促使问题的解决。

**译文**：Third，for the deep-rooted causes of accidents that frequently occur，such as the old-fashioned way of economic growth，the decline of industry-specific regulatory authority，brain drain，degenerated quality of personnel，etc，we will put forward suggestions on the basis of survey and research and make our voice heard for their early solution.

根据以上实例，“人才”分别译作“talented people”“human resources”“expertise”“talented professionals”“personnel”“talents”“professionals”和“brain”。显而易见，这些凭借汉英会议口译语料库提取的翻译实例生动说明了“人才”在具体语境中的不同翻译方法。

3. 翻译练习的设计

对于翻译的学习，无论是教师还是翻译教材的编写者都需要优化升级翻译的练习。目前国内的大部分翻译教材都会在讲解内容中穿插翻译练习，让读者学会如何运用翻译方法，这种翻译练习方法是较为传统的方法，不仅仅在翻译教材中得以运用，在很多其他教材中也以相似的方式练习学习方法，虽然这种练习方法能够在一定程度上让读者适时地理解翻译理论，理解翻译技巧和方法的具体应用，但是对于现代的学习者而言，此种翻译练习方式已经过时，大量的固化练习方式让学习者逐渐失去学习翻译的兴趣。因此，相关人员要优化设计翻译练习，以调动学习者学习的主动性。这就要求翻译教材的练习设计既要合理，又要具有趣味性。而在翻译教材编写时应用语料库，可以提取典型语料作为翻译练习题。凭借双语平行语料库，可以提取经典的源语文本（一个小段落或小篇章）及其译文，直接用作翻译练习。

## （三）基于语料库的翻译教学模式

基于语料库的翻译教学模式，顾名思义，就是将语料库技术与翻译教学有机结合而形成的教学模式。基于语料库的翻译教学模式拥有一些不可替代的优势，如语料提取和分析的自动化和语料呈现的直观化等。

1. 基于语料库翻译教学模式特点

与传统的翻译教学模式相比，基于语料库的翻译教学模式最突出的特点是翻译教学的客观性和描写性。运用语料库，尤其是双语平行语料库，可以将翻译规律和译者风格的分析建立在有关数据统计和大量翻译实例分析的基础上，从而避免传统翻译教学的主观性和规定性。在传统翻译教学过程中，教师往往通过传统的内省法来分析和解释翻译规律和翻译现象，然而这种方法因为主观性太强往往会得出片面结论。但是在基于语料库的翻译教学过程中，教师可以凭借语料库的技术优势，在对翻译语料或双语语料进行定量分析的基础上，获取关于不同语言转换规律和译者风格等的客观认识。

除此之外，基于语料库的翻译教学模式的另一特点是语料的直观性。语料库在翻译教学中的应用可以非常直观的方式向学生自动呈现大量两种语言间对译的语料。学生可以通过对比源语文本与目的语文本的异同，真实地感受两种语言体系之间的差异，了解具体词语或语句结构在不同语境中的翻译策略和方法，从而帮助学生掌握不同语言转换规律和译者风格，形成翻译意识。

学生的参与性也是基于语料库的翻译教学模式的重要特征之一。在翻译教学中应用语料库，可以组织学生对具体翻译语料进行观察和分析，吸引学生直接参与翻译教学，提高他们独立发现和解决翻译问题的能力。

2. 基于语料库翻译教学模式的构建

建立一套教学模式，不仅需要理论构建，更需要具体的教学环节设计，或者说，需要相应的课程设置、教学方式、评价手段、练习设计等来践行某一教学模式。不言而喻，要建设基于语料库的翻译教学模式，应在教学方式、课程设置和课程内容安排等方面大胆进行改革，将这一新型的教学模式落到实处。因此，应从以下方面入手，切实推进基于语料库的翻译教学模式的构建：

（1）提高学生在翻译教学中的参与程度。基于语料库的翻译教学模式的特点之一是学生的参与性。所以，教师和学生应深入理解这一翻译教学模式的本质属性，从传统的灌输式教学方式和机械被动接受的学习方式中走出来，充分利用语料库技术的优势，主动参与到翻译教学之中。教师可以指导学生利用语料库，围绕翻译策略和方法等具体翻译问题，独立开展相关课题的研究。另外，应尽量改进翻译课程设置和翻译教学内容，在条件允许的情况下增设语料库语言学、统计语言学、基于语料库的翻译研究或信息技术与翻译研究等课程，或者在翻译教学中增加语料库翻译研究相关内容，使学生熟悉语料库软件（如 Para Conc、Word Smith 等）的操作，加深对语料库翻译研究和基于语料库的翻译教学模式特点的了解。

（2）以学习者为中心。在基于语料库的翻译教学模式中，学生成为翻译教学主体。学生的学习自主性和师生之间的积极互动是该教学模式的关键因素，直接关系到翻译教学的成败。教师以及其他教学工具和手段的应用则是实现翻译教学目标，培养学生翻译能力的积极因素。鉴于学生之间存在较大的个体差异，每名学生对同一学习内容的接受程度不同，在翻译教学过程中应根据学生的实际水平，利用语料库提取难易度不同的学习材料，让学生自主观察和分析翻译策略的应用，探索具体翻译规律。在课程教学中，对能力不同的学生要尽量区别对待。具体而言，对于一些语言能力较高的学生（组），可以要求他们分析一些统计难度较大的数据，或要求他们翻译理解难度较大的语料，如英汉语复杂句的对比及其互译研究。对于一些水平稍低的学生（组），可以要求他们提取和分析一些相对简单的语料，如研究英语某一动词的汉译（如动词“make”）。这样，翻译教学能够实现因材施教，有效提高学生整体翻译能力和水平。

在课程设置和课程内容的安排上，应充分考虑学生的主观能动性和创造性，突出课堂上师生的互动性，给学生提供足够的时间探讨具体翻译课题，如基于语料库的汉语文化限定词的英译研究、英语定语从句的汉译研究等。在课堂教学内容的设计上，应秉承与时俱进的原则，兼顾当前翻译市场对具体翻译人才的需求，力求培养出能顺应当前社会发展潮流、具有较强的翻译意识和翻译技能的高素质翻译人才。

基于语料库的翻译教学模式的构建与实施对教师素质提出了很高的要求，主要包括：第一，以学习者为中心的翻译课程设置要求及时而有效地对教材、教学方法和教学大纲等进行修改和完善，这势必对教师的业务水平提出更多挑战；第二，语料库的建立和运用涉及诸多计算机软件的使用以及有关数据的统计和分析，这要求教师具有较高的计算机应用能力和数据分析能力。

（3）强调翻译理论和翻译实践的有机结合。一般而言，翻译教学内容主要包括翻译理论和翻译实践的教学。目前，我国大学翻译课程的教学存在翻译理论教学与翻译实践教学严重脱节等问题。在外语专业翻译方向的课程体系中，实用性的课程较少，而文学翻译类的课程比较多。很多高校本科外语专业翻译方向未开设或很少开设专门文体的翻译理论课程，而且翻译课程的教学内容通常很少涉及与翻译密切相关的语言学理论，如语用学、语义学、修辞学和文体学等理论。众所周知，翻译实践需要有翻译理论的指导，翻译教学不应忽视翻译理论的讲授。但是，如何实现两者之间的有机融合一直是翻译教学所面临的难题。为此，在基于语料库的翻译教学实践中，应充分利用语料库所提供的技术优势，依据翻译学、语言学、文学和文化理论，结合具体翻译现象的分析，阐释翻译规律和翻译技巧。教师可以结合翻译语料的分析，组织学生与老师一起讨论有关翻译理论，加深对翻译理论的理解和吸收。

（4）实现翻译教学的真实化和社会化。翻译教学面临的另一大问题就是学生双语转换能力相对薄弱。这一现象固然与学生的外语和母语运用能力不强有关，但更重要的莫过于当今翻译教学与当代社会的翻译实践和翻译市场严重脱节，翻译教学缺乏真实性。

目前，学生所接触的翻译实例基本上是与具体篇章割裂的单个语句或段落，教学内容以文学翻译为主，很少涉及应用文体翻译。然而，目前翻译市场对于文学翻译的需求很小，在整个翻译业务中所占比例极小，而对于应用文体的翻译，尤其是科技和经贸文献的翻译需求非常大。因此，翻译教学应努力实现教学内容的真实化和社会化。一方面，应确保翻译教学内容与当前翻译市场需求紧密结合，课堂教学所用的翻译语料应取自于真实的翻译实例，另一方面，应与相关政府部门或翻译机构合作，将翻译项目引入课堂教学，从而使翻译课堂社会化。为实现这一目标，有必要建设并应用开放型平行语料库。该语料库收录以下两大类双语语料：

第一类为正式出版的包括文学作品和应用文体在内的各种作品原文和经典译作。

第二类为最近几年有关部门、翻译机构、资深译员以及学生承担的各类翻译业务的原文和译文。在语料库的设计上，可以根据翻译教学需要更新取自于具体翻译业务的语料，以实现翻译教学内容的真实化和社会化。

在语料库的基础上开展翻译教学是新的教学方式，由于语料库是电子化程度较高的信息库，所以教师能够充分有效地利用语料库中的资源开展教学，其中大量的翻译资源可以为学生提供正确、经典、鲜活的翻译材料和例子，以更加科学化、直观化和多元化的方式向学生呈现基于语料库的翻译教学的优势，有利于让学生形成对翻译的反射性意识，通过在真实的翻译环境中学习语料知识，并对其进行观察分析，也有助于学生更快地掌握翻译的技巧，提高翻译能力，而且还可以凭借语料库的语境共现功能自动展示具体词汇或短语结构的不同语境及其相应的目的语对应词。由此可知，该语料库的应用可以使具体翻译方法应用的分析和阐述置于整个语篇分析的背景之下，保证了翻译方法与技巧等理论知识阐释的完整性和有效性，具体翻译问题或翻译现象的分析因而不至于孤立。

## 六、语料库的翻译研究

梅芙·奥鲁翰的《翻译研究语料库入门》一书对这一研究领域进行了综述，包括了句法个案研究和其他特征的个案研究。奥鲁翰的考察主要依靠 TEC 语料库，换言之，语料库只关注英语目标语文本的语言模式，而不关注或者偶尔对照源语文本。可是，奥鲁翰提及了一些通过商业途径可以获得的软件，比如 Word Smith Tools 和 Paraconc，这些软件有助于分析研究者建立的平行语料库。比如说，可能是对一个原文—译文文本对的研究，在版权允许的情况下，语对可通过电子格式获得，也可以进行下载或扫描。此类分析可以是定量的（对比原文与译文在词频、分布、词汇密度、句子长度、关键词等方面的统计数据），也可以是定性的（详细分析单个例子的一致性）。

在大数据时代背景下，人们对信息的敏感度较高，对获取信息的速度、形式等要求也比较严格，对于文本翻译而言，人们对其在社会化语境中的细致批评分析的过程是综合性的，采用互补的跨学科方法进行分析。对于不同的译者，他们的翻译作品各有特点，学习者往往会通过与参照语料库进行对比，确认翻译文本的风格，这也是贝克研究的主要内容，贝克分析了布什和克拉克两位译者的翻译风格，发现克拉克比布什使用“say”的频率要多。贝克的研究方法致力于开发可以分析不同翻译作品风格的分析方法，但是贝克的这一方法也存在一定问题，即缺乏对翻译中源语与目标文本关系的充分考虑。

基于语料库的翻译是学者研究的基础，不同的学者对语料库有不同的研究成果，部分研究学者也创新了语料库方面的项目，例如：斯蒂·约翰森创建了英语与挪威语的双向平行语料库，在创建的过程中，约翰森也遇到一些问题，例如：英语的文本材料与挪威的文本材料在数量上的比例差距较大。为了解决这一问题，约翰森让职业译者翻译一样的文本，增加翻译文本。

需要注意的是，许多研究采用了对比分析的方法，使用了可能是特定类型的对比语料库来分析。格兰杰和佩奇-泰森所编写的论文集就将语料库语言学、翻译研究和对比分析汇集在一起为特色，而伊恩·威廉姆斯的研究则基于一个50万字的生物医学论文语料库，包含了英语源语文本、西班牙语目标语文本以及一个相同类型的西班牙源语可比语料库。这样的语料库设计能够识别统计出西班牙语目标语文本的偏离（与英语源语文本相比），也能识别出西班牙语源语文本和目标语文本之间的偏离。威廉姆斯考察了西班牙语中的“OBSERVAR”（observe，观察）一词的词频和搭配情况，发现“OBSERVAR”在西班牙语目标语文本中出现的频率远远高于在西班牙语源语文本中出现的频率，他认为这表明了译文词汇使用范围更加有限，译文不考虑目标语规范，表现得更加同质化。（换言之，西班牙语的译文与原文相比，更加缺少变化。）

虽然该领域的发展可能是那些实用性的结果，为译者和机器翻译提供了新的统计工具，但人们进一步关注的则是基于语料库的方法如何给翻译理论带来帮助。例如，《基于语料库的翻译研究：研究和应用》一书就考察了翻译单位、文本规范、术语图式和明晰化等一系列现象。重要的是，该书收入了基于语料库的口译研究著作中，这表明笔译和口译研究在方法论上的灵活交叉。

## 第三节　本地化、全球化与协作翻译

翻译行业经常会涉及“GILT”这一重要术语，其涵盖了全球化、国际化、本地化以及翻译四个核心。

第一，针对国际市场进行产品设计、制造，以适应不同区域要求即为国际化。

第二，本地化指的是适应特定目标市场的特定文化习惯和文化偏好，调整产品服务，增强市场竞争力，减少本地的陌生感与排斥感，包括修改文本的外观设计，文化符号的使用仔细推敲，控制页面空间和布局等。其中，开发创作和管理层面的关注得以实现，并且符合当地法律法规等各个方面的有机结合。

第三，LISA 是本地化行业标准协会，其定义了本地化，即不断更新、不断调整各种服务或是产品，以此适应目标市场的需求，促进产品服务的销售和使用，其中，包括语言和文化方面的本地化，转换成适应国家或地区上的语言文化。由此看出，本地化与翻译之间并不存在较大的差异，本地化包含翻译，也正是由于翻译的积极实践，完善了本地化这一术语的定义。

随着科学技术的日益发展，越来越多与 CAT 和 MT 类似新技术出现。

（1）CAT，即计算机补助翻译。目标群体主要是职业译者。其不依赖计算机的自动翻译，主要针对源语和目标语言之间对应关系，为查询以及条目提取提供索引，翻译记忆技术是其核心，译者翻译文本时，其通过后台运作建立翻译数据库，并为本次的翻译及后续的翻译工作提供相符合、相匹配的译文，在提升翻译工作效率的同时，也解决了针对某个特定术语的翻译一致性问题。

（2）MT，即机器翻译，也称为自动翻译，主要通过计算机来实现文本的翻译。目前，线上出现越来越多免费翻译软件，能够促进理解和文化交流。然而，现在机器翻译主要用来传递信息，对于一篇文章或一份文件首先利用机器翻译，完成翻译的初稿，最后再经过人工文本审核。

科学技术也逐渐渗透到翻译的理论知识层面，由此带来的改变使得人们对于译者和翻译工作的认识产生了一定变化。安东尼·皮姆的著作《移动的文本：本地化、翻译与分销》是对该理论探讨的一大主要贡献。该书在一定程度上，是对其早先著作《翻译与文本转换》的重写。它就翻译的常见问题，在新语境下，进行了重新思考。例如，将一种翻译理论视角应用于国际化语境，引起对那些已广为人接受的交际模型的修订。因此，对于一篇译文来说，经常先由机器翻译进行初步转换，变为国际化的中间语，并以此作为最终目标语言的初稿，不断调整修改译文，使其适应目标市场的需求。这种方式已不再是简简单单的源语—目标语之间的转换，还涉及了现代新技术的应用，并通过不断更新符合目标市场不同需求。另外，由于机器翻译完成的版本不断更新，源语文本不断失去自身的地位作用，且在很多语境中，译文更多要求目标语文本的功能，注重目标市场的需求。

# 参考文献

[1] 张培基. 英汉翻译教程（修订本）[M]. 上海：上海外语教育出版社，2009.
[2] 曾沉. 翻译的作用与意义 [J]. 安顺学院学报，2008 (3)：13 - 14.
[3] 曾利沙. 翻译学理论多维视角探索 [M]. 上海：上海外语教育出版社，2012.
[4] Munday J. 翻译学导论：理论与应用 [M]. 3 版. 李德凤，译. 北京：外语教学与研究出版社，2014.
[5] 肖家燕，夏锡华. 新编英汉翻译教程 [M]. 武汉：华中师范大学出版社，2012.
[6] 张之材. 超学科到翻译理论的创新——评《翻译的超学科研究》[J]. 新闻与写作，2019 (1)：118 - 119.
[7] 冯韬. 浅析翻译教学的理论与实践——兼评《翻译教学法研究》[J]. 云南财经大学学报，2018，34 (4)：2，113.
[8] 仇桂珍，张娜. 英汉翻译与英语教学 [M]. 成都：电子科技大学出版社，2017.
[9] 陈斌. 译者职责与翻译职业伦理 [J]. 海外英语，2010 (7)：145 - 146.
[10] 戴光荣. 英汉语篇语音衔接对比分析 [J]. 福建工程学院学报，2006，4 (2)：216 - 219.
[11] 赵泽凡. 英语翻译中直译和意译新探 [J]. 青春岁月，2019 (7)：46.
[12] 谢丹，滕丹丹. 浅析翻译中的直译与意译 [J]. 文渊（高中版），2018，3 (11)：75 - 76.
[13] 孙庆双. 英语被动语态的翻译技巧 [J]. 教学与管理（理论版），2008 (4)：85 - 86.
[14] 周腊梅. 浅谈英汉委婉语的翻译 [J]. 南阳师范学院学报，2012，11 (5)：118 - 121.
[15] 张海芹，傅煊翔. 英汉翻译教程 [M]. 成都：电子科技大学出版社，2017.
[16] 安新奎. 中餐菜名的翻译及前置词的使用 [J]. 中国俄语教学，2016，35 (3)：40 - 44.
[17] 朱风云，谷亮. 英汉文化与翻译探索 [M]. 北京：北京理工大学出版社，2017.
[18] 王萱. 服装英语的特征与翻译策略——评《服装英语翻译概论》[J]. 印染助剂，2018，35 (3)：5.
[19] 沈琳琳. 文化传播语境下高职英语外译教学原则分析——以服饰文化翻译为例 [J]. 职教论坛，2015 (35)：70 - 73.
[20] 胡蝶. 跨文化交际下的英汉翻译研究 [M]. 长春：东北师范大学出版社，2018.
[21] 滕静雅. 浅谈英汉翻译中的长句翻译 [J]. 海外英语，2019 (12)：46 - 48.
[22] 魏泓. 审美主体在文学翻译中的审美表现 [J]. 淮北煤炭师范学院学报（哲学社会科学版），2007 (6)：122 - 124.
[23] 廖越英. 审美客体与主体在文学翻译中的体现 [J]. 新疆财经大学学报，2011 (2)：48 - 51.
[24] 李智. 当代翻译美学原理 [M]. 北京：知识产权出版社，2013.
[25] 刘宓庆，章艳. 翻译美学教程 [M]. 北京：中译出版社，2016.
[26] 于斌. 中西文化背景下语言差异的表现——评《英汉语言对比与中西文化差异探究》[J]. 大学教育科学，2017 (3)：132.
[27] 皮谨煜. 高校英汉翻译理论与技巧教学探究——评《翻译理论与技巧》[J]. 新闻与写作，2016 (6)：116.
[28] 沈康. 跨文化交际汉英翻译中的区别与融合 [J]. 海外英语（上），2017 (6)：103 - 104.

[29] 邱光华. 英汉翻译中的跨文化视角转换及翻译技巧 [J]. 英语教师, 2018, 18 (11): 70-72.
[30] 周志培. 汉英对比与翻译中的转换 [M]. 上海: 华东理工大学出版社, 2003.
[31] 徐代. 跨文化翻译中的异化与归化分析 [J]. 海外英语, 2018 (23): 163-164.
[32] 张敏, 李学宁. 西方主要英语语料库结构代表性分析 [J]. 赤峰学院学报 (哲学社会科学版), 2011, 32 (6): 85-87.
[33] 张蓓蕾. 美国新闻语域的语体流变——基于布朗家族语料库的多维度历时分析 [D]. 江苏: 中国矿业大学, 2016.
[34] 仇思妮, 任芷逸. 基于双语平行语料库的商务英语翻译教学模式 [J]. 文化创新比较研究, 2018, 2 (30): 86-88.
[35] 赵颖迪, 苏蕊. 平行语料库在英译中的辅助作用 [J]. 文学教育 (下), 2019 (10): 54-56.
[36] 原伟. 可比语料库构建与可比度计算研究综述 [J]. 电脑知识与技术, 2019, 15 (23): 224-227.
[37] 郝翠屏. 从近代翻译史看以文化觉悟为导向的文学翻译教学 [J]. 中国大学教学, 2019 (10): 86-90.
[38] 查明建. 论现代主义翻译文学与当代中外文学关系 [J]. 同济大学学报 (社会科学版), 2019, 30 (5): 92-100, 108.
[39] 杨正军, 王成军. 课程社会学视域下翻译课程的功能表现及适应性调整 [J]. 江西师范大学学报 (哲学社会科学版), 2019, 52 (6): 175-180.
[40] 潘智丹, 杨俊峰. 翻译在中国特色话语体系构建中的作用 [J]. 山东外语教学, 2019, 40 (6): 105-112.